中国研学旅行

安全发展报告蓝皮书

（2017—2019）

中国研学旅行安全发展报告编写组 编

山东教育出版社

图书在版编目（CIP）数据

中国研学旅行安全发展报告蓝皮书：2017—2019 / 中国研学旅行安全发展报告编写组编 . — 济南：山东教育出版社，2020.9

ISBN 978-7-5701-1156-5

Ⅰ . ①中…　Ⅱ . ①彭…　Ⅲ . ①教育旅游 – 旅游安全 – 研究报告 – 中国 –2017—2019　Ⅳ . ①F590.75

中国版本图书馆CIP数据核字（2020）第161869号

ZHONGGUO YANXUE LÜXING ANQUAN FAZHAN BAOGAO LANPISHU (2017—2019)

中国研学旅行安全发展报告蓝皮书（2017—2019）

中国研学旅行安全发展报告编写组　编

主管单位：山东出版传媒股份有限公司
出版发行：山东教育出版社
　　　　　地址：济南市纬一路321号　邮编：250001
　　　　　电话：（0531）82092660　网址：www.sjs.com.cn
印　　刷：山东新华印务有限公司
版　　次：2020年9月第1版
印　　次：2020年9月第1次印刷
开　　本：710毫米×1000毫米　1/16
印　　张：6.25
印　　数：1–3000
字　　数：125千
定　　价：24.00元

（如印装质量有问题，请与印刷厂联系调换）印厂电话：0531-82079112

本书项目单位

中国职业安全健康协会户外教育安全分会

北京联合大学旅游学院中国研学旅行研究中心

北京全家联国际教育科技有限公司

中国环境与户外教育研究中心

山东省户外教育协会

山东省精品旅游促进会研学旅行分会

本书编委会

主　任：吴军生

委　员：彭其斌　孔令学　姜福炎　陈学斌　韩　磊

　　　　张令伟

本书编写组

主　编：彭其斌

编　者：高　炜　孔令学　吴军生　张元凯　徐　阳

　　　　姜福炎　赵洪贵　张令伟　王增鑫　李庆伦

　　　　李缯来　李忠文

前言

从2013年国务院办公厅发布《国民休闲旅游纲要（2013—2020年）》，首次在国家层面上提出推进研学旅行以来，我国研学旅行的发展大体经历了两个阶段。

2013年至2016年，是研学旅行的探索阶段。这一阶段在国家层面上出台的与研学旅行相关的文件除《国民休闲旅游纲要（2013—2020年）》外，还有国务院2014年发布的《国务院关于促进旅游业改革发展的若干意见》。可以看出，最初国家是把研学旅行作为一种新的旅游形态，从促进我国休闲旅游发展的角度提出这一概念的。这期间也主要是旅游业界在推动研学旅行的发展。为了推动研学旅行产业发展，各地还建立了一些以促进行业协作为目的的研学旅行产业联盟。但是这一阶段从全国范围来看，教育系统参与的意愿很弱，研学旅行行业发展非常缓慢。主要原因是学校没有参与研学旅行工作的内驱动力。尽管近些年素质教育深入人心，但学校的教学压力仍然很重，特别是学校对于学生安全的担心是阻碍学校开展研学旅行工作的最主要因素。

以2016年11月发布的《教育部等11部门关于推进中小学生研学旅行的意见》（以下简称《意见》）为分水岭，也就是从2017年开始，研学旅行开始了爆发式增长，研学旅行发展进入了迅速发展时期。《意见》首次把研学旅行纳入了中小学课程体系，成为综合实践课程的重要组成部分，确立了研学旅行的课程地位，从而使其成为学校教育的刚需。由此开始，教育系统成为了研学旅行迅速发展的主要推动力。在2017年至2019年间，教育部密集出台了一系列重要文件，对学校和相关研学机构、基地（营地）开展研学旅行工作进行了指导和规范，教育系统从立德树人和课程建设的角度，赋予了研学旅行更重要的教育价值和课程价值，促使研学旅行在全国范围实现了迅速发展。

从保险行业提供的数据看，研学旅行作为旅游产品形态，三年来，保险事故赔付率是比较低的，也就是说研学旅行的安全性总体上来看远高于一般旅游产品。这反映出了在开展研学旅行过程中，学校和从业机构能够切实把安全工作放在了重要位置，基本上落实了《意见》关于研学旅行"教育为本、安全第一"的要求。但是我们也必须看到，现实数据并不能表明研学旅行安全风险不高。实际上三年来在研学旅行过程中一些学生也发生了意外伤害、食物中毒等安全事故。从整个行业现状来看，一方面由于研学旅行发展迅速，行业从业人员的数量不能满足行业的需求，业务能力不能胜任研学工作，大批旅游机构、校外教育机构、文化企业介入研学旅行，在一些地区出现了无序竞争的局面，研学旅行从业机构人员自身的业务能力也不能达到研学旅行安全管理的要求；另一方面，研学旅行风险管理是一个非常专业的学术领域，是户外教育领域的重要内容，无论是与研学旅行相关的学校教师还是旅行社旅游从业人员，安全风险管理对他们来说都是很陌生的工作，这也导致了研学旅行安全风险的加大。

为了全面评估我国近年来研学旅行安全工作现状，总结行业在实践工作中积累的经验，剖析行业发展中存在的安全问题，为行业健康发展提供建议，由中国职业安全健康协会户外教育安全分会发起，联合北京联合大学旅游学院中国研学旅行研究中心、北京全家联国际教育科技有限公司、中国环境与户外教育研究中心、山东省户外教育协会、山东省精品旅游促进会研学旅行分会成立中国研学旅行安全发展研究项目组，开展了我国研学旅行安全状况研究工作。项目组在大量调研工作的基础上，撰写了《中国研学旅行安全发展报告蓝皮书（2017—2019）》，现予发布。

　　本报告共分四章。第一章"中国研学旅行发展现状"，从政策发展、学术研究、市场发展、行业协会、论坛活动、人力资源、标准建设和存在问题等方面对我国研学旅行发展现状进行了全面的总结梳理。这些数据是进行研学旅行安全分析的基本依据。第二章"中国研学旅行安全概况"，从研学旅行安全工作概述、研学旅行安全政策法规、中国研学旅行安全工作现状与问题等方面对我国研学旅行安全工作进行了深入分析。第三章"中国研学旅行安全的学术研究"，提出了研学旅行安全学术研究工作应重点关注的十大研究方向，并对我国首部基于风险管理理论的系统的研学旅行安全专著《研学旅行安全工作指南》做了简介。第四章"研学旅行安全工作的发展导向和政策建议"，从建立研学旅行安全工作行政管理机制、制定研学旅行安全工作标准体系、建立研学旅行安全问题分类及应对标准、建立研学旅行安全培训工作体系、推进研学旅行安全法律法规建设、推进研学旅行安全管理学术研究等方面对研学旅行安全工作给出了发展导向和政策建议。

　　项目调研工作得到了中国职业安全健康协会户外教育安全分会部分会员单位和中国成人教育协会赵洪贵老师等的大力支持，在此一并表示感谢。

　　鉴于项目研究工作时间和条件所限，数据收集渠道还不够广

泛，报告中的数据的代表性可能会受到影响，所分析的结论也会与
实际情况存在一定偏差，报告的结论和建议仅供参考，对于报告中
存在的问题欢迎广大读者批评指正。

　　　　　　　　　　　　　　　　中国研学旅行安全发展报告编写组

　　　　　　　　　　　　　　　　2020年5月

目 录

第一章

现状 中国研学旅行发展

一、研学旅行政策的发展

1. 国家关于研学旅行的政策文件

2013年国务院办公厅发布《国民休闲旅游纲要（2013—2020年）》，首次在国家层面上提出推进研学旅行。此后一大批与研学旅行相关的重要文件相继出台，我国的研学旅行进入了快速发展时期。

发布时间	部门	文件名称	相关内容
2013年2月	国务院办公厅	《国民休闲旅游纲要（2013—2020年)》	首次在国家层面提出了要"逐步推行中小学生研学旅行"。
2014年7月	教育部	《中小学学生赴境外研学旅行活动指南（试行）》	为境外研学旅行活动制定了基本标准和规则。
2014年8月	国务院	《国务院关于促进旅游业改革发展的若干意见》	提出了积极开展研学旅行的要求，提出了教育为本、安全第一的原则，要求建立小学阶段以乡土乡情研学为主、初中阶段以县情市情研学为主、高中阶段以省情国情研学为主的研学旅行体系。

（续表）

发布时间	部门	文件名称	相关内容
2016年11月	教育部等11部门	《教育部等11部门关于推进中小学生研学旅行的意见》	明确提出了研学旅行工作的目标要求和工作原则，确定将研学旅行纳入中小学教育教学计划，并对研学旅行的基地建设、组织管理、经费支持、课程评价、安全保障等各方面的工作给出了具体规定。
2016年12月	国家旅游局	《研学旅行服务规范》	对人员配置、产品分类、服务改进、安全管理提出了规范要求。
2017年1月	国务院	《国家教育事业发展"十三五"规划》	制定中小学生综合实践活动指导纲要，注重增强学生实践体验，鼓励有条件的地区开展中小学生研学旅行和各种形式的夏令营、冬令营活动。
2017年7月	教育部办公厅	《教育部办公厅关于开展2017年度中央专项彩票公益金支持中小学生研学实践教育项目推荐工作的通知》	"十三五"期间，教育部利用中央专项彩票公益金支持开展中小学生研学实践教育项目，将在各地遴选、命名一批"全国中小学生研学实践教育基地"。
2017年8月	教育部	《中小学德育工作指南》	明确要求学校把研学旅行纳入学校教育教学计划，以推进中小学生综合素质的提升。要求学校规范研学旅行的组织管理，制定研学旅行的工作规程，明确学校、家长和学生的责任和权利。
2017年9月	教育部	《中小学综合实践活动课程指导纲要》	将研学旅行纳入学校教育学分系统，进一步确立了研学旅行的课程地位。

（续表）

发布时间	部门	文件名称	相关内容
2017年12月	教育部办公厅	《教育部办公厅关于公布第一批全国中小学生研学实践教育基地、营地名单的通知》	明确了中小学研学实践基地和营地应具备的基本条件，对研学旅行及营地教育从业者给出了示范参考。
2018年2月	教育部	《教育部2018年工作要点》	建设中小学德育综合示范区，统筹中小学综合实践活动、劳动教育、心理健康教育、家庭教育、影视教育及研学旅行等。继续实施中央专项彩票公益金支持校外教育事业发展项目，推进研学实践教育营地和基地建设。
2018年10月	教育部办公厅	《教育部办公厅关于公布2018年全国中小学生研学实践教育基地、营地名单的通知》	命名中国人民解放军海军南海舰队军史馆等377个单位为"全国中小学生研学实践教育基地"，北京自动化工程学校等26个单位为"全国中小学生研学实践教育营地"。
2019年3月	教育部基教司	《教育部基础教育司2019年工作要点》	继续实施中央专项彩票公益金支持校外教育事业发展项目，加强研学实践教育基地（营地）课程资源和服务平台建设，遴选推广典型线路。

在近年来国家有关部门发布的关于研学旅行的各种政策文件中，对研学旅行的推动产生最深远影响的是《教育部等11部门关于推进中小学生研学旅行的意见》（以下简称《意见》）。

《意见》对研学旅行给出了明确定义，指出中小学生研学旅行是由教育部门和学校有计划地组织安排，通过集体旅行、集中食宿方式开展的研究性学习和旅行体验相结合的校外教育活动，是学校教育和校外教育衔接的创新形式，是教育教学的重要内容，是综合实践育人的有效途径。

《意见》的发布确立了研学旅行作为中小学课程的教学地位，使中小学开展研学旅行成为一种教学要求，开展研学旅行是学校应当履行的教育职责。《意见》发布之后，研学旅行在全国呈现爆发式增长，对研学旅行发展乃至中小学素质教育改革产生了深远的影响。

《意见》明确提出了研学旅行工作的目标要求和工作原则，确定将研学旅行纳入中小学教育教学计划，并对研学旅行的基地建设、组织管理、经费支持、课程评价、安全保障等各方面的工作给出了具体规定。

《意见》对研学旅行工作提出了四项基本原则，具体包括：

（1）教育性原则。研学旅行要结合学生身心特点、接受能力和实际需要，注重系统性、知识性、科学性和趣味性，为学生全面发展提供良好的成长空间。

（2）实践性原则。研学旅行要因地制宜，呈现地域特色，引导学生走出校园，在与日常生活不同的环境中拓展视野、丰富知识、了解社会、亲近自然、参与体验。

（3）安全性原则。研学旅行要坚持安全第一，建立安全保障机制，明确安全保障责任，落实安全保障措施，确保学生安全。

（4）公益性原则。研学旅行不得开展以营利为目的的经营性创收，对贫困家庭学生要减免费用。

《意见》还针对研学旅行工作提出了明确的工作任务，具体包括：

（1）纳入中小学教育教学计划。各地教育行政部门要加强对中小学开展研学旅行的指导和帮助。各中小学要结合当地实际，把研学旅行纳入学校教育教学计划，与综合实践活动课程统筹考虑，促进研学旅行和学校课程有机融合，要精心设计研学旅行活动课程，做到立意高远、目的明确、活动生动、学习有效，避免"只旅不学"或"只学不旅"现象。学校根据教育教学计划灵活安排研学旅行时间，一般安排在小学四到六年级、初中一到二年级、高中一到二年级，尽量错开旅游高峰期。学校根据学段特点和地域特色，逐步建立小学阶段以乡土乡情为主、初中阶段以县情市情为主、高中阶段以省情国情为主的研学旅行活动课程体系。

（2）加强研学旅行基地建设。各地教育、文化、旅游、共青团等部门、组织密切合作，根据研学旅行育人目标，结合域情、校情、生情，依托自然和文化遗产资源、红色教育资源和综合实践基地、大型公共设施、知名院校、工矿企业、科研机构等，遴选建设一批安全适宜的中小学生研学旅行基地，探索建立基地的准入标准、退出机制和评价体系；要以基地为重要依托，积极推动资源共享和区域合作，打造一批示范性研学旅行精品线路，逐步形成布局合理、互联互通的研学旅行网络。各基地要将研学旅行作为理想信念教育、爱国主义教育、革命传统教育、国情教育的重要载体，突出祖国大好风光、民族悠久历史、优良革命传统和现代化建设成就，根据小学、初中、高中不同学段的研学旅行目标，有针对性地开发自然类、历史类、地理类、科技类、人文类、体验类等多种类型的活动课程。教育部将建设研学旅行网站，促进基地课程和学校师生间有效对接。

（3）规范研学旅行组织管理。各地教育行政部门和中小学要探索制定中小学生研学旅行工作规程，做到"活动有方案，行前有备案，应急有预案"。学校组织开展研学旅行可采取自行开展或委托开展的形式，提前拟定活动计划并按管理权限报教育行政部门备案，通过家长委员会、致家长的一封信或召开家长会等形式告知家长活动意义、时间安排、出行线路、费用收支、注意事项等信息，加强学生和教师的研学旅行事前培训和事后考核。学校自行开展研学旅行，要根据需要配备一定比例的学校领导、教师和安全员，也可吸收少数家长作为志愿者，负责学生活动管理和安全保障，与家长签订协议书，明确学校、家长、学生的责任权利。学校委托开展研学旅行，要与有资质、信誉好的委托企业或机构签订协议书，明确委托企业或机构承担学生研学旅行的安全责任。

（4）健全经费筹措机制。各地可采用多种形式、多种渠道筹措中小学生研学旅行经费，探索建立政府、学校、社会、家庭共同承担的多元化经费筹措机制。交通部门对中小学生研学旅行公路和水路出行严格执行儿童票价优惠政策，铁路部门可根据研学旅行需求，在能力许可范围内积极安排好运力。文化、旅游等部门要对中小学生研学旅行实施减免场馆、景区、景点门票政策，提供优质旅游服务。保险监督管理机构会同教育行政部门推动将研学旅行纳入校方责任险范围，鼓励保险企业开发有针对性的产品，对投保费用实施优惠措施。鼓励通过社会捐赠、公益性活动等形式支持开展研学旅行。

（5）建立安全责任体系。各地要制订科学有效的中小学生研学旅行安全保障方案，探索建立行之有效的安全责任落实、事故处理、责任界定及纠纷处理机制，实施分级备案制度，做到层层落实，责任到人。教育行政部门负责督促学校落实安全责任，审核学校报送的活动方案（含保单信息）和应急预案。学校要做好行前安全教育工作，负责确认出行师生购买意外险，必须投保校方责任险，与家长签订安全责任书，与委托开展研学旅行的企业或机构签订安全责任书，明确各方安全责任。旅游部门负责审核开展研学旅行的企业或机构的准入条件和服务标准。交通部门负责督促有关运输企业检查学生出行的车、船等交通工具，确保安全。公安、食品药品监管等部门加强对研学旅行涉及的住宿、餐饮等公共经营场所的安全监督，依法查处运送学生车辆的交通违法行为。保险监督管理机构负责指导保险行业提供并优化校方责任险、旅行社责任险等相关产品。

《意见》发布之后，国家有关部门又发布了一系列重要文件，仅在2017年，国务院和教育部就发布了与研学旅行有关的5份重要文件。这些文件基本上建立了我国中小学研学旅行工作的政策体系。

2. 地方关于研学旅行的政策文件

截止到2019年上半年，全国31个省（自治区、直辖市）已经全部发布了推进中小学研学旅行工作的相关文件，有些重要城市也发布了落实相关要求的地方性政策文件。

通观各省市的研学旅行指导意见或者方案，可以发现各省在落实教育部等11部门发布的《意见》的基础上，都结合本省实际对研学旅行工作做出了具体规定，注重各部门的协同性运作，对研学旅行时间安排、各个学段学生学习时长做出了明确规定，根据各省的资源建设研学实践教育基地（营地），开发核心线路课程，既要"旅行"，更要"研学"，要把研学旅行当成一门国家课程来设计和实施。《意见》强调研学旅行的课程性质，强调研学旅行的公益性，对研学旅行的营利行为进行了规范和限制。很多省份把研学旅行教师队伍建设作为重要内容写入了实施意见，对保障研学旅行健康可持续发展具有重要意义。

二、研学旅行的学术研究

2017年以来研学旅行学术研究蓬勃发展，大量专著陆续出版。目前在出版市场上与研学旅行相关的出版物总的来看可以分为课程案例类、活动设计类、知识拓展类、资源开发类、学术研究及专业指导类。

一些研学旅行从业机构、研学实践教育基地（营地）依托自己的研学旅行资源，进行了一些课程开发，并在此基础上出版了一些研学旅行课程案例集、活动设计手册、旅游知识拓展手册等。一些地市（如西安）对域内研学资源进行整合开发，出版了研学旅行经典主题线路课程读物。目前在研学旅行出版领域，学术研究和专业指导类的研学旅行专著出版物相对较少，公开发行的学术研究和专业指导类的研学旅行专著主要有以下几种：

著作名称	出版时间	作者	出版社
《研学旅行理论与实践》	2018年4月	陆庆祥、汪超顺	北京教育出版社
《全国中小学生研学旅行安全手册》	2018年4月	孙左满、张建国	北京教育出版社
《研学旅行学校指导手册》	2018年12月	吴颖惠等	北京师范大学出版社
《研学旅行来了》	2019年2月	王晓燕、韩新	陕西人民教育出版社
《研学旅行课程概论》	2019年2月	彭其斌	山东教育出版社
《研学旅行工作导案》	2019年2月	彭其斌	山东教育出版社
《研学旅行工作实务100问》	2019年9月	彭其斌	山东教育出版社
《研学旅行安全工作指南》	2019年9月	吴军生、彭其斌	山东教育出版社

　　其中《研学旅行课程概论》是国内首部基于课程原理的研学旅行课程理论专著，从课程目标、课程内容、课程实施、课程评价等课程要素对研学旅行的课程结构进行了深入研究，基本上建立了研学旅行的课程论体系。《研学旅行安全工作指南》是首部基于风险管理理论的、覆盖研学旅行全工作体系的研学旅行安全工作理论著作。本书涉及了研学旅行安全管理学术体系、研学旅行安全管理机制、研学旅行安全管理各方职责、研学旅行安全问题的分类与应对措施等内容，从研学旅行安全工作学术研究到操作规程，宏观机制到问题解决，进行了全面探讨，是目前关于研学旅行安全工作的较系统的学术研究与专业指导专著。

　　研学旅行相关出版作为一个新兴的出版领域，出版物的发行销售情况总体上较好，引起了一些出版社的高度关注。如山东教育出版社、陕西人民教育出版社等，都在研学旅行出版方面做了大量的工作，山东教育出版社已经将研学旅行规划为未来一段时间内的重点出版领域。2020年1月，全国出版发行业文旅联盟、中国出版传媒商报主办了第二届全国出版发行业文旅联盟发布大会暨2020研学实践教育研究与发展大会，大会特别邀请研学实践教育领域的专家和从业者，从政策走势、课程研发、运营模式、基地发展、研学出版、跨界合作、主题研学七大板块对研学发展进行研判，对研学旅行的出版工作起到了重要的推动作用。

但总的来看，研学旅行领域的学术专著仍然偏少，政策解读类的作品较多，市场上，学术研究和能对工作提供具体指导的专业书籍的需求缺口很大。

三、研学旅行市场的发展

（一）研学旅行市场规模的发展

自从国务院办公厅颁布《国民休闲旅游纲要（2013—2020年）》，提出逐步推行中小学研学旅行的要求以来，我国中小学生研学旅行迅速发展，当前国内研学旅行人数和市场规模尚未见到权威发布的数据，一些机构对此发布了一些自己的研究成果，但数据差异较大。调研数据显示，2018年国内研学旅行人数达到了420万人次，从2015年到2018年，短短三年的时间参与人数翻了一番，市场规模达到了128亿元，人均消费3048元/次。业内预计，在未来几年内，国内研学旅行市场规模将达到千亿的量级。

2014—2018年中国研学旅行行业人数走势（单位：万人次）

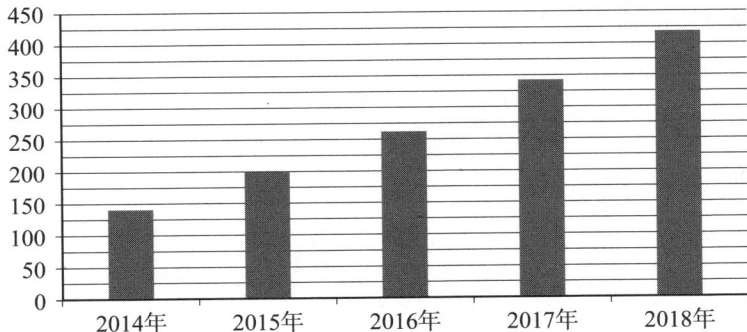

（二）研学旅行从业机构的分布格局

1. 地域分布

研学旅行发展状况与当地居民收入水平、消费观念、教育资源及水平等因素成正关联，经济越发达、教育发展水平越高的地区，研学旅行开展情况越好。我国有近66%的研学旅行从业机构分布在一线城市和新一线城市，其中北京、上海、广州、深圳四个一线城市占比达34.21%。

2018年中国研学旅行行业区域格局

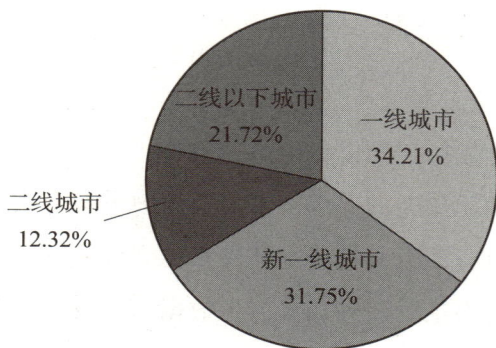

这种分布状况反映了研学旅行发展需要的社会条件。一方面研学旅行需要一定的经济条件的支撑，在国家没有相应的专项经费的情况下，研学旅行的费用主要还是由家庭承担，经济发展落后的地区，经费问题对于学校和家庭来说还是不得不着重考虑的。另一方面，研学旅行对于学生成长的重要意义的理解和认同还需要一个过程，教育发展水平高的地区，家长和学校更能够充分认识到研学旅行对学生未来成长的重要意义。研学旅行从业机构的分布状况也反映了当前我国不同地区对综合实践活动课程的推进程度不均衡的现实特点。

2.企业规模分布

（1）以小微企业为主

2017年，研学旅行机构以小微企业为主，年接待量较小，员工人数30人以下的企业占到整体的60.70%，员工规模30人及以上的占整体的39.30%。从企业的年接待人次来看，接待量在500人以下的占比最高，达到38.40%。

2017年研学旅行机构员工规模结构分类

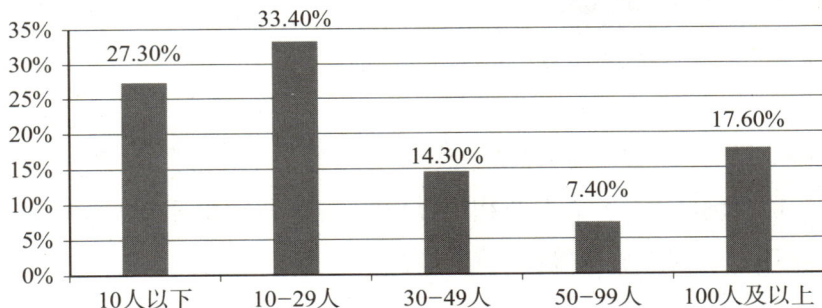

2017年研学旅行机构接待人次规模分类

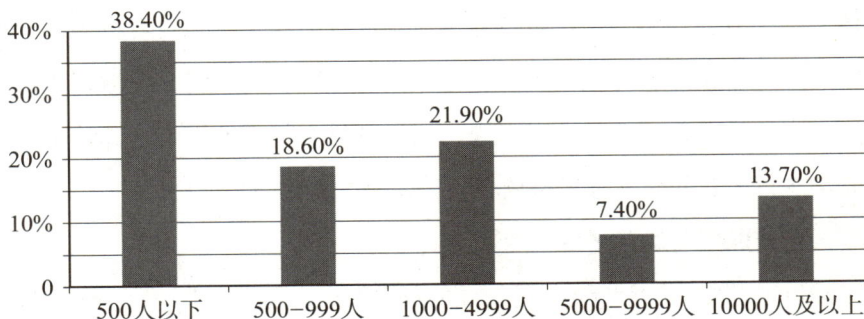

（2）营收超2000万的企业占比较小

从事研学旅行的相关机构组织中，2017年总收入规模2000万元以上的占比11.70%，年收入在100万元以下的企业占比最多，达到37.80%，和接待人数占比情况一致。

2017年研学旅行不同收入规模企业结构分布

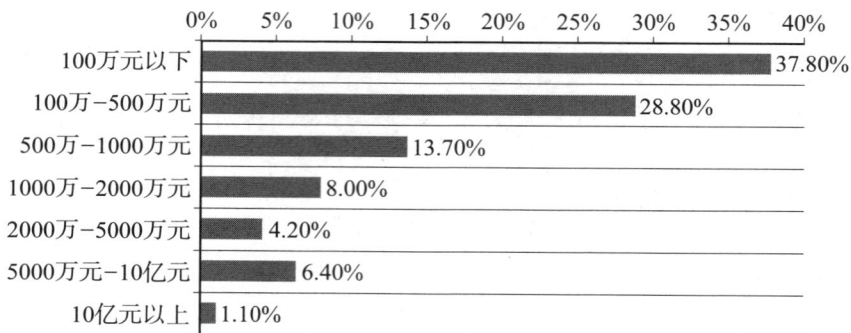

（3）第一梯队企业争先挂牌"新三板"

目前我国已有研学旅行机构超过12000家，研学旅行第一梯队企业，如世纪明德、明珠旅游等已成功挂牌"新三板"，获得了资本市场的青睐。其中世纪明德2017年营收5.19亿元，环球优学2017年营收1.18亿元。

以上企业规模分布状况表明，当前我国研学旅行从业机构尚未建立准入机制，行业几乎没有入门门槛，所以当前从业机构中小微企业成为市场主体。另一方面，研学旅行市场的迅速发展也引起了有关投资机构和大型文旅、教育和投融资企业的关注，很多国有、民营大中型文化教育机构已纷纷介入研学旅行行业。这对未来行业发展将产生重大影响。预计未来几年研学旅行企业的规模分布格局将会产生重大变化。

3. 企业联盟与运营平台

2017年以来，随着研学旅行行业的迅速发展，各类企业联盟不断涌现，已经出现具有供需链接和第三方担保功能的研学旅行企业运营平台。

2013年以来，特别是2016年以后，从事研学旅行的专业机构如雨后春笋般成立，形成了线上线下，景区旅行社以及其他跨行业机构竞相参与的局面。一些机构和地区还先后成立了产业联盟。当前的主要产业联盟有：

（1）中国课程化研学旅行联盟

2013年12月6日，在北京召开的践行陶行知教育思想——首届"实践教育"论坛上成立了中国课程化研学旅行联盟。来自旅游界和教育界的近100位专家和业界代表出席了本届论坛和联盟成立大会。

（2）内地游学联盟大会

2015年7月23日，原国家旅游局组织河南、山东、江苏、福建、广东、湖北、陕西7省相关机构在河南郑州成立内地游学联盟，并签署了《内地游学联盟协议》，同时还出台了多项优惠政策支持港澳青少年赴内地游学。2016年内地游学联盟大会暨游学推广活动在山东青岛举办，2017年在湖南长沙举办，2018年在山西太原举办，2019年在河南洛阳举办。

（3）中国研学旅行目的地联盟

2017年5月25日，来自全国20多个省市和地区的旅游企业代表在河南安阳成立中国研学旅行目的地联盟。会议宣读了《中国研学旅行目的地城市安阳宣言》。

（4）中国研学旅行联盟

2017年5月26日，中国研学旅行联盟成立大会暨红旗渠研学旅行论坛在河南红旗渠召开。会议签署了《中国研学旅行联盟团体系列标准》和《中国研学旅行联盟红旗渠宣言》，并将5月26日确定为"中国研学旅行日"。

（5）中国研学旅游推广联盟

2017年9月27日，中国研学旅游推广联盟在山东曲阜成立。该联盟由原国家旅游局指导，山东省旅游发展委员会牵头主办，与北京、上海、天津、江苏、浙江、福建、河南、广东、陕西等10个省市相关机构共同发起成立。成立大会通过了《中国研学旅游推广联盟章程》。

各大旅行社也纷纷成立专门负责研学旅行的部门和机构，大力拓展研学旅行业务。一些留学和教育企业也纷纷介入研学旅行行业，如新东方教育科技有限公司等。

在线下机构纷纷成立的同时，线上的研学旅行平台也相继成立。以中国研学旅行网（www.tiyan.org.cn）为代表的一大批研学旅行线上平台对宣传和解读研学旅行政策，普及研学旅行知识，推广研学旅行经典课程，推进研学旅行行业发展发挥着越来越重要的作用，已经成为行业信息传播的主要渠道。

四、研学旅行行业协会相继成立

国家级研学旅行行业协会相继成立，如2017年11月11日，中国旅行社协会研学旅行分会成立，2017年12月30日，中国红色文化研究会研学旅行工作委员会成立。另外，一些相关的国家级行业协会也将研学旅行纳入自己的专业研究和服务领域，如中国职业安全健康协会户外教育安全分会开展研学旅行安全专业研究与服务，其他各类教育协会开展研学旅行学术研究以及培训业务等。

省、市层级的研学旅行行业协会也相继成立，一些原有的省市级教育学会、旅游协会等也纷纷成立研学旅行专业委员会，如河南省研学旅行教育协会、广东省研学旅行协会、四川省旅游协会研学旅行分会、山东教育学会研学旅行专业委员会、山东省精品旅游促进会研学旅行分会、北京市旅行社协会研学旅行专业委员会、湖南省教育学会研学旅行专业委员会、长沙市旅行社协会研学旅行专业委员会、沈阳市教育学会中小学生研学旅行专业委员会、海口市旅行社协会研学旅游专业委员会等。

各类行业协会在研学旅行资源整合与区域或行业内的研学旅行业务推进方面发挥了重要作用。

五、研学旅行论坛遍地开花

2017年以来，研学旅行论坛呈现爆发式增长，可谓是遍地开花。这些论坛大多是由区域内有一定影响力的研学旅行从业机构举办，论坛规模和层次不一，目的和功能也各不相同。

多数研学旅行论坛是研学旅行课程和从业经验的交流平台，这些论坛对于宣传研学旅行政策，推广品牌的课程线路，整合研学旅行区域资源发挥了重要作用。从规模上看，这一类论坛往往规模较大，参加人数动辄几百人，与会人员以旅行社、基地（营地）的从业人员为主。这类论坛已经产生了会务经济效益。

另一些行业协会举办的研学旅行论坛，以行业内有影响的专家为主，对当前研学旅行的现状和问题开展学术研讨，以促进研学旅行学术规范化，根除行业发展痛点，研讨行业运营标准，推进研学旅行政策发展。这类论坛通常不追求会议规模，但是对行业发展往往会有重大影响。

六、研学旅行人力资源培训

鉴于研学旅行这一新兴行业人力资源严重匮乏，从业标准没有明确，行业规范亟待完善，从业人员亟待培训的现状，2017年以来各类培训活动举办得如火如荼。

但是从现实情况来看，各种培训活动良莠不齐。很多培训机构没有培训经验和能力，聘请几个专家，讲上一两天的课程，没有课程体系，没有课程目标，甚至专家的讲课内容都相互矛盾，然后就可以给学员发一个名不副实的证书，这种情况在当前非常突出。

研学旅行从业人员巨大的培训需求已经引起了有关部门和行业协会的高度重视，相关部门和行业协会也已经逐渐介入研学旅行人力资源建设领域，并将逐渐发挥主渠道作用，对研学旅行培训行业进行规范。

2019年，文化和旅游部人才中心的研学旅行指导师岗位培训正式开班，中国职业安全健康协会户外教育安全分会也正在计划推出研学旅行安全员岗位培训。

七、研学旅行标准建设

2017年以来研学旅行迅速发展所伴生的行业混乱也引起了有关方面的高度重视，研学旅行行业标准建设迫在眉睫。一些高校、行业协会和相关机构正在介入制定行业标准。如文化和旅游部人才中心正在主导制定研学旅行指导师岗位能力标准，中国职业安全健康协会户外教育安全分会正在制定研学旅行安全员岗位能力标准，一些高校和教育学会正在尝试制定研学旅行课程指导标准等。

从目前发展趋势来看，未来几年研学旅行各方面的从业标准有望初步建成国家标准体系，为研学旅行行业发展提供基本的标准规范。届时研学旅行行业的混乱局面将会显著改善。

八、当前研学旅行发展中的突出问题

2019年初，山东教育出版社出版的《研学旅行课程概论》一书对我国当前研学旅行存在的问题做了深入分析，书中指出我国研学旅行的突出问题有：

1. 当前的研学旅行浮于表面，内涵不足

大多数旅行社组织的研学旅行在本质上仍以观光旅游为主，旅行的研学功能体现不足。研学旅行产品缺乏创新，还是老线路、老套路，缺乏互动体验，缺乏学习深度，走马观花，蜻蜓点水，研学旅行的效果大打折扣。

2. 研学旅行设计与实施不够专业，缺乏课程化设计

课程目标的制定不明确，课程内容的设计不合理，课程实施的过程不规范，研学旅行的课程评价不科学。

3. 行业规范亟待完善

国家的相关政策体系还不是很完善，应尽快对行业急需的规范和标准进行研究，制定政策标准。

4. 相关的法律法规体系、责任保障体系仍需完善

行业的健康发展必须有完善的法律法规体系作为保障。特别是在安全保障和安全事故处置方面，应该制定专门的法律或处置办法，合理界定各方的责任，化解纠纷，保障各方权利，确保研学旅行活动不因安全事故个案而导致整个课程实施的灾难性停顿。

5. 研学旅行从业人员的专业素养和专业能力亟待提升

作为一个横跨教育和旅游两个领域的新兴行业，无论是学校教师还是旅行社和景区的导游，无论是教育管理者还是旅行组织者，都缺乏行业运营的全面经验和专业素养。

相关调研结果也表明，目前，研学服务人才结构混乱。中国成人教育协会的调研数据显示：

（1）研学服务承办单位有研学实践教育老师的平均人数不到2人。

（2）研学服务承办单位有研学实践教育辅导员的平均人数不到3人。

（3）研学实施中研学服务承办单位担负研学实践教育的老师与学生的比例为1：30。

（4）未经教育系统组织培训的研学师资数量约占市场的95%。

调研结果还表明：教育系统的单位和协会组织研学培训的比例非常小，约占20%。非教育系统的单位和协会组织研学培训的比例非常大，约占80%。

　　研学管理人员储备情况的调研数据表明：经过国家教育部门或国家级安全行业协会组织培训合格的管理人员数量在总研学管理人员中占比不到0.2%；经过企业内部或其他单位、机构培训合格的管理人员数量不到2%。研学旅行从业人员结构的混乱情况不仅会严重影响课程实施的效果，还会产生重大的安全隐患。

一、研学旅行安全概述

（一）研学旅行安全的理念

根据国家以及各省（自治区、直辖市）发布的文件所制定的研学旅行安全工作指导方针，结合研学旅行的课程性质和课程特点，可以确立研学旅行安全的基本理念。

1. 确立安全第一理念

在《教育部等11部门关于推进中小学生研学旅行的意见》（以下简称《意见》）中明确指出，研学旅行安全第一，没有安全就没有一切。研学旅行安全风险始终是悬在中小学校长和研学旅行从业人员头上的达摩克利斯之剑。安全问题也是关系到学生身心健康、生命安全，关系到学生家庭幸福的一项根本问题。这就要求，在研学旅行的各项工作中，都要把安全问题放在第一位。安全工作的落实要从线路勘察开始，在课程设计中全面深入分析，在课程实施中着力保障，在课程评价中重点评估。在研学旅行工作中安全第一的理念要贯彻整个工作的始终。

2. 坚持制度为先理念

完善的制度体系是确保研学旅行安全的可靠保证。《意见》和《研学旅行服务规范》（以下简称《规范》）都对建设研学旅行安全管理体系提出了明确的指导意见和建设标准。教育主管部门、旅游主管部门以及其他与研学旅行相关的行业主管机构，学校、旅行社和研学实践教育基地（营地）等研学旅行从业单位，都必须按照《意见》和《规范》的要求，制定覆盖全面、责任明确、措施具体、方法科学、程序规范的研学旅行安全管理制度体系。

3. 坚持预防为主理念

一切安全管理制度和安全措施的根本目的都是防止安全事件的发生。研学旅行安全工作必须坚持预防为主的原则。研学旅行工作要从一开始就在各个环节制定预防安全事件发生的具体措施。在线路选择时要充分考虑线路资源的各种不安全因素，在线路勘察时要着重对各种不安全因素进行考察，制定具体可行的应对各类潜在的安全隐患的有效措施，在课程设计时要制定有针对性的安全注意事项。要针对各类可能存在的安全问题制定有效的应急预案。

（二）研学旅行安全工作的基本措施

1. 研学旅行安全注意事项

（1）安全注意事项的概念

安全注意事项是指针对可能发生的意外事故或事件制定的，提醒行为人特别注意，在活动过程中行为人必须遵守的预防性或禁止性措施。

安全注意事项是提供给学生的，行为的主体是学生，是在课程实施中学生自己应承担的安全责任。但承办方必须将注意事项告知学生，并及时对学生进行提醒和提示。

（2）安全注意事项的制定

安全注意事项的指向必须具体、有针对性。每一条注意事项都必须针对具体的学习环境、具体的学习条件和具体的设施。

安全注意事项的拟定标准为：只要学生按照提示约束和规范自己的行为，就可以避免注意事项指向的危险。

2. 研学旅行的安全防范措施

安全防范措施是指为防范安全事故的发生，针对可能发生事故的环境和条件，承办方或组织者应该提前采取的预防性措施。

安全防范措施是活动承办方应该采取的措施，制定和采取措施的行为主体是承办方。这些措施必须能够起到规避和防范事故发生的效果。安全防范措施不是学生个体可以预见或执行的行为，必须由承办方预先制定，由研学导师团队具体操作实施。

3. 安全应急预案

安全注意事项和安全防范措施是以预防事故的发生为目的的，而应急预案是一旦出现安全事故或紧急情况，为将损失降低到最小而采取的必要措施。

二、研学旅行安全的政策法规

1.《中华人民共和国安全生产法》《中华人民共和国突发事件应对法》是各行各业从事安全生产的法律规范

《中华人民共和国安全生产法》规定："安全生产工作应当以人为本，坚持安全发展，坚持安全第一、预防为主、综合治理的方针，强化和落实生产经营单位的主体责任，建立生产经营单位负责、职工参与、政府监管、行业自律和社会监督的机制。"从法律上确定了政府、生产经营单位、行业组织和从业人员的具体责任，是制定研学旅行安全管理制度，进行安全责任认定的法律依据。

《中华人民共和国突发事件应对法》是为了预防和减少突发事件的发生，控制、减轻和消除突发事件引起的严重社会危害，规范突发事件应对活动，保护人民生命财产安全，维护国家安全、公共安全、环境安全和社会秩序而制定的重要安全法规。该法对突发事件的预防与应急准备、监测与预警、应急处置与救援、事后恢复与重建等应对活动做出了明确规定，是研学旅行风险管理与应急处置的法律依据。

2.《旅游安全管理办法》

《旅游安全管理办法》从旅游经营安全、风险提示、安全管理、违法违规处罚等方面对旅游安全工作进行了全面、严格的规范，并在附则中对旅游突发事件等级标准进行了严格界定。

《旅游安全管理办法》是旅游业安全管理工作的专项法规。研学旅行是以旅游为载体的校外教育活动，从承办方的经营业态来讲，这是一种特殊的旅游形态。其安全管理工作必须受到《旅游安全管理办法》的约束。

3.《生产经营单位生产安全事故应急预案编制导则》和《突发事件应急预案管理办法》是应急预案编制与实施的法律法规

《生产经营单位生产安全事故应急预案编制导则》中应急预案的定义：

为有效预防和控制可能发生的事故，最大程度减少事故及其造成的损害而预先制定的工作方案。

《突发事件应急预案管理办法》中应急预案的定义：

应急预案是指各级人民政府及其部门、基层组织、企事业单位、社会团体等为依法、迅速、科学、有序应对突发事件，最大程度减少突发事件及其造成的损害而预先制定的工作方案。

以上关于应急预案的专项法规对应急预案的类型、编制与实施做出了详细的规范，是应急预案编制与实施的基本依据。

4.《教育部等11部门关于推进中小学生研学旅行的意见》（以下简称《意见》）提出了研学旅行安全工作的基本指导方针

《意见》对各地中小学研学旅行的开展提出了"四个以"的基本要

求，即开展研学旅行工作要以立德树人、培养人才为根本目的，以预防为重、确保安全为基本前提，以深化改革、完善政策为着力点，以统筹协调、整合资源为突破口，因地制宜开展研学旅行。《意见》特别强调确保安全是研学旅行的基本前提，安全责任必须落实到位。

《意见》把安全性原则作为开展研学旅行的四条基本原则之一，特别指出研学旅行要坚持安全第一，建立安全保障机制，明确安全保障责任，落实安全保障措施，确保学生安全。

《意见》对于各地推进研学旅行工作提出了五项具体要求，建立安全责任体系是其中一项至关重要的要求。《意见》明确要求各地要制订科学有效的中小学生研学旅行安全保障方案，探索建立行之有效的安全责任落实、事故处理、责任界定及纠纷处理机制。教育行政部门负责督促学校落实安全责任，审核学校报送的活动方案（含保单信息）和应急预案。学校要做好行前安全教育工作，购买相关的意外险和责任险，与家长、研学旅行委托的企业签订安全责任书。旅游、交通、公安、食品药品监管等部门要各司其职，分别对研学旅行开展涉及的企业、交通工具以及住宿、餐饮等进行安全检查和监督，为研学旅行活动开展提供全面可靠的安全保障。

《意见》还特别指出学校自行开展或采取委托形式开展研学旅行，都需要安排相关人员负责学生活动管理和安全保障，与家长、参与企业等签订协议书，明确各自的权责，切实保障学生安全。

5. 原国家旅游局发布的《研学旅行服务规范》（以下简称《规范》）对研学旅行安全管理工作提供了具体规划指导意见

《规范》从安全管理制度、安全管理人员、安全教育和应急预案四个方面对研学旅行安全管理提出了要求。

关于安全管理制度，《规范》指出主办方、承办方及供应方应针对研学旅行活动，分别制定安全管理制度，构建完善有效的安全防控机制。研学旅行安全管理制度体系主要包括研学旅行安全管理工作方案、研学旅行应急预案及操作手册、研学旅行产品安全评估制度、研学旅行安全教育培训制度等。

关于研学旅行安全管理人员，《规范》要求承办方和主办方应根据各项安全管理制度的要求，明确安全管理责任人员及其工作职责，在研学旅行活动过程中安排安全管理人员随团开展安全管理工作。

关于安全教育工作，《规范》从工作人员安全教育和学生安全教育两个方面提出了具体要求。关于工作人员安全教育，《规范》指出，应制订安全教育和安全培训专项工作计划，定期对参与研学旅行活动的工作人员进行培训。培训内容包括：安全管理工作制度、工作职责与要求、应急处置规范与流程等。关于学生安全教育，《规范》也提出了具体的要求。

关于应急预案，《规范》提出主办方、承办方及供应方应制定和完善包括地震、火灾、食品卫生、治安事件、设施设备突发故障等在内的各项突发事件应急预案，并定期组织演练。

（三）研学旅行安全工作的学术理论基础——风险管理

1. 风险和风险管理

风险，即可能发生的危险。风险的高低，取决于预计的损失的大小和发生损失的可能性。

风险的构成要素包括风险因素、风险事故和损失。

风险因素是指引起或增加某一风险事故发生的机会或促使扩大损失程度的原因和条件，是风险事故发生的潜在原因，是造成损失的间接原因。

风险事故是指引起生命财产损失的直接的或外在的事件。没有风险事故的发生就不可能有损失的发生。

损失是指非故意的、非预期的和非计划的经济价值的减少和消失。一般情况下损失分为两种形态——直接损失和间接损失。直接损失是指由风险事故导致的财产本身损失和人身伤害，是一种实质的、直接的损失。间接损失是指由直接损失引起的额外费用损失、收入损失、责任损失。

风险管理是指如何在一个肯定有风险的环境里把风险减至最低的管理过程。风险管理的基本目标是以最小的成本收获最大的安全保障。风险管理是一个动态的、循环的、系统的、完整的过程，包括风险识别、风险估测、风险评价、风险控制、风险管理效果评价等方面的内容。

2. 研学旅行风险的特征及风险管理

（1）研学旅行风险的特征

研学旅行风险是指在研学旅行课程实施过程中获得或失去某种有价值事物的可能性。

鉴于研学旅行课程资源的复杂性以及课程实施的真实体验性特征，研学旅行风险也呈现出复杂特征。

第一，客观性。研学旅行风险是研学旅行课程实施的资源、环境、交通、气象条件、场馆设施、基地装备等客观事物和人的活动交叉发展变化过程中所固有的，只要实施研学旅行课程，其风险就不可避免地存在。

第二，潜在性。由于研学旅行课程资源的复杂性，研学旅行风险类型也多元复杂，有些风险往往不容易察觉。

第三，相对性。研学旅行课程实施过程的风险与行为主体的学习项目、自身的能力、旅行与户外活动经验、行为方式和决策密切相关，研学旅行风险具有相对性。

第四，损益性。研学旅行课程中的风险是和潜在的收益共生的。如果风险超出行为主体所能承受的范围，就可能带来伤害甚至灾难性的后果；如果将研学旅行风险控制在行为主体所能承受的范围之内，则可以让行为主体在课程实施过程中挑战自我、磨炼意志，从而收获快乐、自信与成就感。

（2）研学旅行的风险管理

研学旅行课程实施中的风险管理目标包括：一、防患于未然，使风险最小化，这是研学旅行风险管理的根本目标。二、损失最小化，在风险事件发生时，将事件所造成的损失降低到最小。

3. 研学旅行风险管理的制度体系

（1）研学旅行风险管理的责任机制

研学旅行课程实施通常是由教育、文化、旅游等行业的从业人员组成的教学团队共同完成的教学活动，是必须通过主办方、承办方、供应方和保障方紧密合作才能确保课程安全顺利实施的实践课程。所以，构建责任分明、衔接有效、组织严密、配合有序的风险管理责任机制是研学旅行风险管理的基础。

（2）研学旅行风险管理的监控机制

研学旅行风险监控是通过对研学旅行课程风险管理全过程的监测和控制，通过密切监控研学旅行课程实施过程中风险因素的变化，及时准确预测可能造成的损失，采取有效措施对风险条件加以控制，以保证研学旅行风险管理达到预期目标。研学旅行风险监控包括风险监测和风险控制。

（3）研学旅行风险管理的预警机制

研学旅行风险预警是根据研学旅行课程实施的实际情况及风险管理者的经验，合理划分风险预警区间，判断风险量处于正常状态、警戒状态还是危险状态。研学旅行的预警系统要求存在风险的各个环节都参与风险的预警，保证预警系统信息传递的畅通。研学旅行风险预警系统是一种全域性、全程性、全员性风险管理体制。

（4）研学旅行风险管理的决策机制

风险管理决策即风险处理手段的选择，是风险管理的核心和重点。风险管理决策直接影响风险管理的成效，贯穿着风险管理的始终，其目标是实现以最小的成本获得最大的安全保障。通常风险管理的处置方法有很多，从中选择一个最佳的方案，从而制定出处置风险的总体方案。

风险管理决策的基本流程包括：

第一，信息分析，识别各种可能存在的风险及其性质，估计风险的

大小;

第二，针对某一具体的客观存在的风险，拟定几种风险处理方案;

第三，运用一定的决策手段选择一个最佳处理方案或制定某几个方案的最佳组合;

第四，最后根据风险的不确定性，对选择的方案进行评价和修正。

风险处置的方法很多，常用方法有风险规避、风险自留、风险转移、防损和减损，建立风险准备金等。

三、中国研学旅行安全工作现状与问题

自2016年年底，《教育部等11部门关于推进中小学研学旅行的意见》颁布以来，2017年至2019年是研学旅行爆发性增长的三年，在政策利好和市场前景预期良好的引导下，教育领域、文化领域、旅游领域及与之相关的各行各业都深度介入研学旅行行业。在各界力量的推动下，研学旅行一时间空前繁荣，但这种爆发性增长，也带来了诸多问题和挑战。安全问题是当前亟待解决的最重要的问题，也是制约研学旅行健康发展的首要因素。研学旅行教育为本，安全第一，没有安全就没有一切。

对于当前研学旅行安全工作中的突出问题，国务院安全生产委员会专家咨询委员会主任、中国职业安全健康协会理事长、原国家安全生产监督管理总局副局长兼国家安全生产应急救援指挥中心主任王德学在为《研学旅行安全工作指南》一书作的"序"中深刻指出:

"从实际工作情况来看，当前的研学旅行安全现状也的确令人担忧。主要问题是:一、各级教育主管部门和文化与旅游等主管部门尚未建立研学旅行安全管理行政保障体系，不能够从制度和标准上对相关学校和从业机构给予有效的业务指导，也没有建立起规范合理的责任追究制度。二、各从业机构的安全管理机制不健全，不能够建立研学旅行安全的单位责任保障体系。三、研学旅行从业人员安全法规知识欠缺、安全

风险管理专业知识与技能缺乏，安全风险管控能力严重不足，不能有效防范和处置安全事件。四、少数从业机构安全意识淡薄、唯利是图、生师比过大，无法配备合格的安全员，不合理地减少成本，降低了安全保障的系数。五、研学旅行安全员没有从业标准，未经过系统的研学旅行安全专业培训，缺乏安全员应该具备的专业技能，从业人员鱼龙混杂，加大了研学旅行的安全风险。"

王德学先生极其深刻地指出了当前研学旅行安全工作的突出问题，也表明了解决这些问题的紧迫性。从调研情况来看，以下七个方面的现状是特别需要引起重视的。

（一）研学旅行安全工作行政管理机制的现状

尽管《教育部等11部门关于推进中小学研学旅行的意见》等重要文件都强调了"研学旅行，安全第一"的理念，但是截至2019年底，无论是教育部门、文化和旅游部门还是安全应急管理部门，都还没有出台关于研学旅行安全管理的规范，也没有建立完备的研学旅行安全管理机制。这是研学旅行安全工作当前最需要关注的问题，希望引起有关部门的高度重视。

（二）研学旅行从业机构安全管理机制现状

从调研情况来看，绝大多数研学旅行从业机构都有安全管理制度，但总体上来看，安全管理制度的规范性、实效性不高，从业机构间安全管理水平和质量差异较大。

相对而言，规模越大的从业机构，安全管理制度相对完整规范一些，而占据市场主体的小微企业，安全管理制度令人担忧。

从业机构安全管理机制当前存在的主要问题有：

1. **制度体系不完备**。从业机构的安全管理机制应包括安全管理岗位责任制度、从业人员安全管理业务技能培训制度、实施过程安全监控制度、安全风险保障制度等。当前很少有从业机构能够在这些方面建立完备的制度体系。

2. 制度措施不规范。多数从业机构的管理制度仅仅是凭经验甚至是凭想象制定的，逻辑混乱，条文前后不衔接。制度文件的制定没有依据相关的法律和政策规范，也没有安全管理的学术理论支撑。甚至很多企业的所谓安全管理制度仅仅是为了应付投标工作而从网上下载和抄袭的材料。

3. 制度措施无实效。当前从业机构的安全管理制度总体来看针对性差、实效性低，制定的安全管理制度措施没有可操作的实施方案，不能够和实际工作相结合，很多仅仅是一个摆设。

（三）研学旅行从业人员现状

当前研学旅行从业人员安全管理能力让人担忧，人员结构不符合规范和需求。中国成人教育协会调研数据显示，目前，研学培训中对安全人员的培训还不够重视，基本上是企业自行进行内部培训，没有进行系统的专业培训。

（1）经过教育或安全行业协会或组织培训合格的安全员数量不到安全员总数的1%。

（2）经过企业内部培训的安全员数量不到安全员总数的10%。

（3）在配备安全员的研学旅行团队中，学生与安全员的配比比例一般为30：1～50：1。

这种状况就造成了研学旅行从业人员虽对安全工作很重视，却没有足够的安全风险识别与管控能力，不能预见和防范安全事故的发生，当安全问题发生时往往举止失措，不能正确处置和应对。

研学旅行从业人员是安全事故发生的最后屏障，对研学旅行从业人员进行系统规范的安全管理业务培训，进行岗位能力认证是当前的紧迫任务。

（四）安全第一理念的树立与落实现状

总体来看，"研学旅行，安全第一"的理念在各级部门和各类从业机构和从业人员中已经基本确立，都能够意识到安全问题的重要性，但是在实际工作中这种理念的落实情况却差强人意。

尽管安全始终是学校、家长以及主管部门最关心的问题，也是研学旅行从业人员高度重视的问题，但是当前研学旅行从业人员的安全管理能力不容乐观。安全工作效果仅靠安全意识是不够的，必须以一定的专业能力来保障。

相关的调研数据也进一步印证了调研中发现的问题。中国成人教育协会所做的调研表明，在很多从业机构中，安全意识和安全工作行为表现甚至是矛盾的，尽管研学旅行安全是中小学校长和家长们最关心的问题，但在研学旅行工作实施和研学导师团队人员配置中却完全没有体现出对研学旅行安全工作的重视。

特别需要注意的是，研学旅行从业人员的安全业务能力培训普遍没有得到应有的重视，安全员岗位在绝大多数机构中形同虚设。安全第一的理念在实际工作中还远远没有得到应有的落实。

（五）研学旅行安全工作标准现状

当前我国研学旅行安全工作标准体系尚未建立，研学旅行从业机构工作规范、研学旅行从业人员能力标准、研学旅行从业机构准入标准、研学旅行实践基地建设标准都还没有建立。

从调研情况来看，造成当前研学旅行安全工作不尽如人意的原因，一方面是在实际工作中对安全工作的重视程度还远远不够，而另一方面是尚未建立安全工作的规范和标准，这导致从业机构在实际工作中无规可依，无标可靠。研学旅行安全的管理责任人不知道应该按照什么样的标准进行管理，只能凭经验和个人理解去工作。这样必然造成当前安全风险高企的现状。

（六）研学旅行企业格局对安全工作的影响

从已经发布的前述研学旅行企业分布格局的相关数据来看，当前研学旅行从业机构以员工人数30人以下，年营业额100万以下的小微企业为主。这些小微企业因运营成本所限，很难在研学旅行安全员岗位设置和安全专业培训方面有充足的经费投入，在招投标过程中因为与大中型企业相比不具有竞争优势，往往通过压低报价的方式争取中标，这也使得运营成本相对较高，利润率相对较低，为了节省成本，这些机构的所谓安全员也往往会由未经专业培训的普通研学导师或导游员兼任，这也会造成研学旅行的潜在安全风险。

（七）研学旅行安全理论研究与应用现状

研学旅行安全领域的学术研究严重滞后，导致当前的安全管理缺乏科学的理论指导，存在突出的盲目性和经验主义特征。现在市场上能够见到的研学旅行安全的作品多数是从微观层面上各类常见的安全事故和卫生状况的应急处置常识的手册，不能够从宏观层面、从系统管理的角度对研学旅行安全管理工作给予切实的指导。

2019年9月由山东教育出版社出版的《研学旅行安全工作指南》一书填补了这一学术领域的空白，有望对当前安全管理领域存在的问题的改进产生重要的影响。

第三章　中国研学旅行安全的学术研究

一、研学旅行课程中的安全研究

研学旅行安全学术研究与课程建设是保障研学旅行安全工作科学有效的学术基础，是制定研学旅行安全工作体系的理论依据。

研学旅行安全学术研究应该包括研学旅行安全法规政策研究、研学旅行安全管理机制研究、研学旅行安全人力资源建设研究、研学旅行安全领域培训教材研究、研学旅行安全课程理论研究、研学旅行课程资源研究、研学旅行安全工作标准研究、研学旅行基地营地安全建设研究、研学旅行从业机构安全工作规范研究、研学旅行从业人员岗位能力研究等各领域、各层面的学术研究。

1. 研学旅行安全法规政策研究

对于研学旅行安全法规政策的研究应该包括对现有法规政策的研究和对未来政策和立法方向的研究。

对研学旅行安全法规政策的研究首先应聚焦现有的法规和政策的解读。当前与研学旅行安全工作直接相关的法律法规主要有《中华人民共和国安全生产法》《中华人民共和国突发事件应对法》《旅游安全管理办法》

《生产安全事故应急预案管理办法》（国家安全生产监督管理总局令第88号）和《生产经营单位生产安全事故应急预案编制导则》。相关政策文件主要有《教育部等11部门关于推进中小学生研学旅行的意见》和《研学旅行服务规范》。其相关研究的目的是指导有关机构和从业人员正确理解和落实相关法律法规和政策文件的要求，规范从事研学旅行安全工作。

本领域的学术研究还要着眼于工作实践中存在的突出问题，发现现有法律法规和政策文件的缺陷和空白，发挥学术研究的前瞻性和引领性，为完善法律法规和政策措施提出相关意见和建议，推进研学旅行工作法律政策体系的健康发展。

2. 研学旅行安全管理机制研究

当前研学旅行安全管理机制还很不完善，学术研究应该聚焦研学旅行安全管理机制的研究。

在研学旅行安全工作行政管理机制建设方面，当前要着力于研学旅行工作方案审核备案制度、安全预警与报告制度、安全事故分级响应机制、安全事故分类处置机制、安全事故责任认定制度、安全责任追究制度、安全应急多方联动机制等制度体系建设与推进的研究。

在研学旅行工作执行层面，应着眼于学校及从业机构研学旅行安全管理制度、教师及从业人员的岗位能力培训制度、课程实施过程的安全监控制度、研学旅行课程组织的安全保障制度和全方位的安全评价制度等方面的研究。

3. 研学旅行安全人力资源建设研究

当前研学旅行人力资源建设机制很不健全，根据当前人力资源现状，应着力加强研学旅行从业人员培养制度体系的研究，为人力资源建设提供人才培养标准；针对不同的人才群体研究适切的人才建设方案，多渠道、多层次培养研学旅行专业人才队伍。

4. 研学旅行安全领域培训教材研究

针对行业人才培训和高校课程建设，加强相关领域的安全培训教材的研发，为研学旅行安全从业人才培养提供科学规范的教学载体。

5. 研学旅行安全课程理论研究

当前研学旅行安全课程研究尚未在学术层面引起广泛关注，亟待相关学术研究人员聚力该领域，以课程理论和风险管理理论为基本指导，构建研学旅行安全课程体系，促进研学旅行安全研究向科学化、规范化的方向发展。

6. 研学旅行课程资源研究

研学旅行课程资源研究包括研学旅行课程案例研究和研学旅行技术及产品研究。

针对当前研学旅行安全工作现状，遴选研学旅行安全工作方案、研学旅行安全课程、研学旅行安全预案、研学旅行事故应对的经典案例进行分类研究，深入解读，为当前研学旅行从业机构和从业人员提供经典示范案例。

7. 研学旅行安全工作标准研究

安全工作标准建设是当前研学旅行安全管理领域需要迫切解决的重大问题。当前的学术研究要切实聚焦研学旅行工作实施标准与规范、研学旅行各类从业人员的岗位能力标准、研学旅行从业机构的安全工作制度标准、研学旅行安全课程标准等方面的学术研究。

8. 研学旅行基地营地安全建设研究

研学旅行基地营地是研学旅行课程实施的主要资源和载体，这些处所的安全建设直接决定研学旅行安全风险的级别。要加强对这些研学旅行相关处所的安全建设研究，从源头上杜绝安全隐患，为研学旅行安全保驾护航。

9.研学旅行从业机构安全工作规范研究

研学旅行从业机构是研学旅行工作的基本单位，是安全工作的最基本主体，其工作规范程度和工作执行力直接决定相关安全工作要求的落实情况，研究从业机构的安全工作规范，为基层单位提供专业指导，是保证安全工作落到实处的重要研究方向。

10.研学旅行从业人员岗位能力研究

当前研学旅行从业人员成分复杂，知识结构和能力结构普遍不够完善，相关的学术研究亟待加强。要着力加强研学旅行人才知识结构体系和能力结构体系研究，针对人才知识体系和能力结构体系制定岗位能力标准。

二、国内首部基于风险管理理论的系统的研学旅行安全专著

2019年9月，山东教育出版社出版了《研学旅行安全工作指南》，该书是国内首部基于风险管理理论的系统的研学旅行安全专著。本书的出版得到了业内专家和从业人员的高度认可，山东新华书店集团采购1万册捐赠给省内中小学校用于图书公益活动。国务院安全生产委员会专家咨询委员会主任、中国职业安全健康协会理事长、原国家安全生产监督管理总局副局长兼国家安全生产应急救援指挥中心主任王德学先生为该书作序，对该书给予了高度评价。

该书共三编六章，目录如下：

第一编　研学旅行安全管理机制

第一章　研学旅行安全概述

第一节　研学旅行安全的基本理念

第二节　研学旅行安全的基本原则

第三节　研学旅行风险管理

该书以安全风险管理理论为基础，对研学旅行风险管理进行了深入研究，首次对研学旅行风险管理的概念和特征进行了界定，提出了建立研学旅行风险管理制度体系、研学旅行风险管理监控机制、研学旅行风险管理预警机制、研学旅行风险管理决策机制的基本思路和策略；对研学旅行安全理念、研学旅行安全工作机制进行了深入研究，对研学旅行安全注意事项、研学旅行安全防范措施、研学旅行安全预案等研学旅行安全工作的基本措施进行了清晰的界定；从研学旅行角度阐释了安全生产管理领域的十一大定律和法则，提出并阐释了研学旅行安全管理领域的"四不伤害"原则和"四不放过"原则，首次分析总结了研学旅行安全管理中的12种危险人，为研学旅行从业人员安全管理提供了重要参考。该书对研学旅行工作中常见的安全问题进行了分类梳理，对每一类问题从事故预防、事故处置、善后措施、人员职责、操作流程等方面进行了详细阐述，可以作为常见问题事故处置的工作手册，也可以作为相关机构或从业人员课程设计或制定应急预案的参考依据。

该书从宏观管理到微观技能，全方位系统化地对研学旅行安全管理工作进行了全面研究，从研学旅行安全管理机制、研学旅行各方安全职责、研学旅行安全问题分类及应对措施等方面建立了完备的研学旅行安全工作体系，无论是对研学旅行行政管理部门、研学旅行各方从业机构的安全管理机制还是对研学旅行从业人员，都具有重要的指导意义。

2017年至2019年三年间，我国研学旅行迅速发展，发展速度超过了制度体系构建、工作标准规范和人力资源建设的速度，造成了一定的混乱局面。有关部门应尽快健全相关的行业发展规范，用政策、制度和标准制定明晰的发展导向，引导行业健康发展。

针对我国研学旅行的发展情况和研学旅行安全工作中存在的问题，建议有关部门、组织和从业机构在以下几方面加大安全工作力度：

一、建议相关行政部门建立完善研学旅行安全管理机制

1. 建立研学旅行安全工作行政管理机制

（1）尽快建立审核备案制度

地市、区县教育行政部门及文化和旅游行政部门要建立研学旅行工作审核备案制度。所辖学校和研学旅行从业机构开展研学旅行要提前向主管部门申报研学旅行工作方案。

① 招投标文件审核备案

教育主管部门要负责对所辖学校的研学旅行招标方案进行审核把关，

严格执行国家有关招投标的法律规定，经过审核批准的招标公告可以在教育主管部门和学校的官方网站上发布，未经审核批准的招标公告不得发布执行。招标公告的审核必须坚持合法、公正、公开、公平的原则，坚决杜绝招投标环节出现不规范甚至暗箱操作等违规违法行为。招标方案和招标公告中关于研学旅行安全的条款要作为重点审核的内容。

地市、区县文化和旅游部门也要建立研学旅行工作审核与备案制度。重点对所辖从业机构与相关方签定的合作协议、保险合同等进行审核或备案。

② 安全预案审核

学校和研学旅行从业机构要在招投标工作结束后将安全预案和中标课程一起提交主管部门，主管部门负责对安全预案进行审核，预案审核通过的对课程进行备案。

教育主管部门要根据国家于2013年颁布的《生产经营单位生产安全事故应急预案编制导则》的有关要求，对学校和从业机构提交的合作协议和安全应急预案进行严格审查。

（2）建立完善的安全预警与报告制度

地市级教育行政部门要负责建立安全预警机制，实行安全预警等级制度。学校在研学旅行课程实施过程中要向教育主管部门按照规定进行安全报告。安全报告可以采用每日报告制度，也可以采用依照安全预警等级制度实行事故报告制度。

文化和旅游行政部门要根据安全预警等级制度建立安全应急响应机制。研学旅行承办方和供应方要依据安全预警等级制度和安全应急响应机制向主管部门实行事故报告制度。承办方和供应方主管部门接到安全事故报告后，要立即按照响应条件启动应急预案。

安全报告可以建立常规报告渠道和紧急报告渠道。常规报告渠道可以通过网络平台进行安全信息报告。紧急报告渠道是教育行政部门和学校、文化和旅游行政部门与从业机构设立研学旅行安全联系人，紧急情况下通过联系人电话报告的渠道。研学旅行行政主管部门和学校的研学旅行安全联系人必须相互保持电话畅通，随时准备应对突发事件。

（3）建立分级响应机制

尽快建立完善研学旅行安全管理分级响应机制，制定各级别安全事故的响应条件和响应程序。轻微安全事故由研学导师和学校带队教师负责处理，较为严重的安全事故应依据事故的严重程度分级启动相应应急预案，根据不同级别的响应条件逐级启动应急预案，确保安全事件得到迅速有效的处理，将损失降到最低。

（4）实施分类处置机制

研学旅行课程资源的多样性决定了需要应对的安全问题非常复杂，为全面应对各类安全问题，要对可能面对的各种情况进行科学分类，对不同类型的安全事件制定相应的科学高效的处置措施，并对从业人员就分类处置机制进行系统培训，确保每个人都知晓和掌握各类安全问题的处置流程和技术标准。

（5）尽快建立责任认定制度

建议教育行政主管部门尽快组织协调教育、文化和旅游、安监、法律、交通、卫生等相关方面的专业人士，主持制定安全责任认定制度。明确界定研学旅行工作各方的安全职责，制定安全事故责任认定的工作流程和工作标准，推动研学旅行安全工作行政法规的建立，为研学旅行安全立法，建立研学旅行安全保障与责任认定的法律保障体系。

鉴于研学旅行的工作特点，无论安全管理制度如何完善，安全事件都有可能发生，一旦发生安全事件，安全责任的认定就是一件非常困难的事情，这也是困扰学校和研学旅行从业机构的一大难题。安全责任认定没有相应的法律和标准，已经成为制约研学旅行工作健康发展的主要因素之一。建立有效的安全责任认定机制已经是一项刻不容缓的任务。研学旅行工作的教育与文化和旅游主管部门要主持建立研学旅行安全责任认定机制。在建立安全责任认定机制的过程中，应组织教育、文化和旅游、法律、交通、保险、医疗、应急保障等各领域的专业机构和专业人员广泛参与。相关部门应在此工作基础上推动相关立法工作，为研学旅行乃至整个户外教育领域的健康发展建立法律保障体系。

（6）建立研学旅行安全责任追究机制

各研学旅行参与方应建立基于安全责任认定的安全责任追究机制。安全责任追究包括两个方面的问题，即外部追责和内部问责。

（7）建立完善市场准入制度

建议地市级教育行政部门尽快建立研学旅行市场准入制度，明确界定可以承办学校研学旅行课程实施的旅行社及其他研学旅行专业机构的资质条件，严格规范承办方、供应方的从业行为，确保研学旅行课程实施的安全规范。建立研学旅行从业机构安全管理等级认定制度，明确不同安全管理等级机构可以投标的不同规模、类型的研学旅行课程招标活动的标准，促进研学旅行从业机构不断完善、改进安全管理工作，提升安全管理水平。

建立黑名单制度，将在研学旅行从业过程中发生重大安全事故的承办方和供应方列入黑名单，取消或限制其承办和参与研学旅行业务的资格。

建立白名单制度，将在从事研学旅行业务中表现优秀，特别是安全保障工作表现优秀的承办方和供应方列入白名单，供学校在研学旅行招标时优先选择。

（8）建立多方联动机制

研学旅行课程是需要多方合作完成的教育教学活动，涉及教育、文化和旅游、交通、餐饮、医疗、保险等多个行业；就课程实施过程的主要合作方而言，涉及主办方、承办方、供应方和保障方等不同单位角色。无论是研学旅行的安全预防还是安全事件的处置，都需要各方联动完成。所以，为有效应对研学旅行安全问题，应由教育部门及文化和旅游部门牵头，建立各方参与的研学旅行安全工作联动机制。在同一部门内，特别是对研学旅行工作有主管责任的教育部门及文化和旅游部门内部，也需要建立主管部门、主办或承办单位、课程实施团队的安全联动机制。

2. 指导研学旅行从业机构建立安全管理机制

研学旅行行政主管部门应尽快建立完善对所辖学校或从业机构的业务督导机制，指导学校或从业机构建立科学规范的研学旅行安全管理制度、教师及从业人员的岗位能力培训制度、课程实施过程的安全监控制度、研学旅行课程组织的安全保障制度和全方位的安全评价制度。

研学旅行行政主管部门要对所辖学校或从业机构定期进行全面的或专项的安全督导与评价，对发现的问题进行责令整改，对严重违规行为进行问责和处置。

二、建议尽快制定研学旅行安全工作标准体系

研学旅行作为新生事物，缺乏工作标准是造成行业混乱的主要原因之一，也是最重要的安全隐患。应尽快制定研学旅行安全工作标准体系，从源头上防范研学旅行安全事故的发生。相关从业人员包括研学旅行从业机构（包括学校、承办方和供应方）的主管人员、各方执行课程实施的研学旅行导师、研学旅行随队医生和研学旅行安全员。要制定各类岗位的从业人员的基本素质标准和安全职责。特别是对研学旅行安全员，实行执业资格认定制度，对其岗位能力和岗位职责制定严格和清晰的标准。

（1）指导学校及从业机构建立科学的研学旅行工作规范

地市或区县级教育行政主管部门应该负责建立学校研学旅行工作规范，对学校开展研学旅行工作给予全方位、全过程的操作指导。

学校研学旅行工作规范应该在学校研学旅行制度建设、师资培训、课程建设、招投标、合作协议等各方面制订规范性要求；对研学旅行工作从招标、行前课程、行中课程、行后课程等全过程做出规范性指导意见。

文化和旅游行政主管部门应该主持建立承办方、供应方等各类从业机构研学旅行工作规程，制定研学旅行工作和服务标准，规范从业机构和从业人员的执业行为。

（2）研学旅行从业人员能力标准

研学旅行主要从业人员大体由两类人员组成，一是教育系统的教师和学校教育主管人员，二是文化和旅游系统的旅游管理、导游、安全员等从业人员。

教育行政部门应制定教师和学校研学旅行教育主管人员的能力结构和能力标准，并依据标准研制研学从业人员旅行培训课程体系。

建议教育部门与文化和旅游主管部门一起制定研学旅行从业人员知识结构和岗位能力标准，特别是对于直接面向学生进行课程实施的研学导师和研学安全员，要制定明确的从业能力标准。

（3）研学旅行从业机构准入标准

研学旅行从业机构必须是在国家相关部门合法注册、具有独立法人资格的法律主体，如旅行社、青少年宫、专业协会、户外教育机构等。

准入标准还要从机构资质、规模、资金状况、从业业绩、诚信记录等各方面做出准入标准细则。

（4）研学旅行实践基地建设标准

地市级教育行政部门应负责制定研学实践教育基地的建设标准，建设标准应涵盖设施标准、服务标准、课程标准、交通标准、周边环境标准、救援保障标准、岗位责任标准等各方面的建设内容。教育行政部门应依据相应标准，组织辖区内研学实践教育基地的评审和认定，并推荐或组织申报省级、国家级研学实践教育基地。

对教育部门所属的研学实践教育基地，主管部门要督导基地按照建设标准完成建设任务，按照相关管理标准规范实施研学旅行课程，强化安全责任意识，全面落实安全管理要求。

（5）建议教育部门制定科学规范的课程设计与实施标准

课程设计与实施不规范，研学旅行课程教育为本的理念不能得到有效落实，最主要的原因之一就是课程设计的规范和标准还没有建立。建议教育主管部门尽快制定研学旅行课程标准和实施规范，引导学校进行研学旅行课程建设。在课程标准和课程实施规范的制定中，要把安全标准作为一项重要的内容，研制明确的指标细则。教育主管部门可以组织关于研学旅行课程规范的专项培训，提高学校的研学旅行课程设计、课程评价和课程实施的能力。

为促进学校研学旅行课程规范，可以组织优秀课程评选，以评促学，并遴选优秀课程作为示范。在优秀课程评选时，要把课程设计的安全要素作为评审的重要指标。

三、建立研学旅行安全问题分类及应对标准

1. 为有效应对安全事件，要尽快建立研学旅行安全危害因素辨识标准和安全问题分类体系。

建议依据研学旅行安全风险因素和研学旅行课程资源类型建立研学旅行安全问题分类体系。基于安全风险因素和产生原因的安全问题分类有利于针对安全问题制定防范措施和处置标准。基于研学旅行课程资源类型的安全问题分类有利于对课程资源类型的风险因素进行安全防范措施和安全注意事项的研制，有利于对研学旅行课程设计和课程实施机构建立研学旅行安全应对管理机制。

2. 建议相关部门和机构尽快建立研学旅行突发问题的应对和处理标准。

建议从事故的预防和处置两个方面制定安全问题应对和处置从业技术标准、工作流程和相关人员的岗位责任标准。根据研学旅行安全实践，针对常见的安全问题制定科学简明、便于操作的应对处置标准，是防范事故

发生和降低事故损失的最重要的保障，特别是对于以下几类常见的研学旅行安全问题，应尽快制定应对处置标准：

（1）交通事故。交通事故是研学旅行过程中最容易造成群死群伤等重大安全问题类型，根据承运工具的不同，主要包括公路交通事故、铁路交通事故、水上交通事故和航空交通事故。

（2）重大自然灾害。研学旅行过程中可能遇到的重大自然灾害包括地震、暴雨、洪灾、台风、泥石流滑坡等气象和地质灾害。

（3）人为事故。常见的人为事故包括食物中毒、绝大多数火灾、溺水、烧烫伤、冲突导致的伤害等。

（4）常见疾病与运动损伤。常见疾病主要包括中暑、流感、腹泻、过敏、低血糖等；常见运动损伤包括表皮擦伤、软组织挫伤、肌肉韧带拉伤、关节扭伤、伤口出血、骨折等伤害。

四、建立研学旅行安全培训工作体系

相关行业协会要加大工作力度，切实推进研学旅行安全培训工作。要制订中长期培训计划和年度培训计划，尽快建立研学旅行安全培训课程体系，完善研学旅行安全培训的工作机制。

研学旅行安全培训计划应该包括培训的规模规划、层级规划、时间规划和区域规划。

在研学旅行课程体系建设方面应针对研学旅行行政主管人员、研学旅行从业机构主管人员、研学旅行课程实施的不同岗位的研学从业人员分别制订课程方案。

在培训机制建设方面要探索培训和执业资格认定制度相结合的培训机制，将安全培训制度化、常态化。探索研学旅行安全学习学分制，建立研学旅行安全业务学习的全职业生涯学习促进机制。

2019年教育部批准在高校设立研学旅行管理与服务专业，在高校相关专业的课程建设中要把研学旅行安全课程作为课程建设的重要领域，所培养的学生要具备熟练的安全应对和处置能力以及初步的安全管理能力。

五、推进研学旅行安全法律法规建设

研学旅行是一门跨领域的中小学校外教育课程，也是一个跨行业的巨大产业。研学旅行行业的健康发展，既涉及千家万户的切身利益，也关乎国家素质教育改革的深入推进以及国家休闲旅游产业的多元化创新发展。由于涉及多部门、多行业，管理难度极大。这就迫切需要法律法规的规范、约束和保障。特别是在研学旅行招投标、研学旅行纠纷的仲裁与处置、研学旅行安全责任的认定标准和认定机制方面，亟待相关法规的规范。

六、推进研学旅行安全管理学术研究

建议成立研学旅行安全管理学术研究机构，推进研学旅行风险管理学术研究，并通过学术研究机构、行业协会和有关管理、培训平台相结合的方式，将研学旅行安全管理研究的学术成果在研学旅行工作实践中进行检验和落实，发挥学术对实践工作的引领和保障作用。

建议相关行业协会和出版机构发挥对学术研究的引领和导向作用，规划出版的领域和方向，在教材研发、资源库建设、精品案例、操作手册等方面合理安排人力和出版资源，完善和丰富学术资源体系，满足人才培养和工作引领的需求。

七、制定研学旅行安全工作"十四五"规划

为了有序推进研学旅行安全工作不断发展，全面提高研学旅行安全工作水平，建议研学旅行主管部门或与研学旅行安全工作相关的行业协会主

导编制研学旅行安全工作发展"十四五"规划。研学旅行已逐渐成为中小学的常态化学习方式，将在很长一段时间影响学校的教育教学管理工作和学生的体验学习，研学旅行安全工作情况将在很大程度上决定研学旅行能否健康可持续的发展。把研学旅行安全工作作为一个专门的工作领域来制定发展规划，统筹政策、法规、技术、设施、实践和学术研究，调动各方面的行业资源，有计划地推进研学旅行安全工作，保障研学旅行健康有序的发展。

附　录

教育部等11部门关于推进中小学生研学旅行的意见

教基一〔2016〕8号

各省、自治区、直辖市教育厅（教委）、发展改革委、公安厅（局）、财政厅（局）、交通运输厅（局、委）、文化厅（局）、食品药品监督管理局、旅游委（局）、保监局、团委，新疆生产建设兵团教育局、发展改革委、公安局、财务局、交通局、文化广播电视局、食品药品监督管理局、旅游局、团委，各铁路局：

为贯彻落实党的十八大和十八届三中、四中、五中、六中全会精神，深入学习贯彻习近平总书记系列重要讲话精神，秉承"创新、协调、绿色、开放、共享"的发展理念，落实立德树人根本任务，帮助中小学生了解国情、热爱祖国、开阔眼界、增长知识，着力提高他们的社会责任感、创新精神和实践能力，现就推进中小学生研学旅行提出如下意见。

一、重要意义

中小学生研学旅行是由教育部门和学校有计划地组织安排，通过集体旅行、集中食宿方式开展的研究性学习和旅行体验相结合的校外教育活动，是学校教育和校外教育衔接的创新形式，是教育教学的重要内容，是综合实践育人的有效途径。开展研学旅行，有利于促进学生培育和践行社会主义核心价值观，激发学生对党、对国家、对人民的热爱之情；有利于推动全面实施素质教育，创新人才培养模式，引导学生主动适应社会，促进书本知识和生活经验的深度融合；有利于加快提高人民生活质量，满足学生日益增长的旅游需求，从小培养学生文明旅游意识，养成文明旅游行为习惯。

近年来，各地积极探索开展研学旅行，部分试点地区取得显著成效，在促进学生健康成长和全面发展等方面发挥了重要作用，积累了有益经验。但一些地区在推进研学旅行工作过程中，存在思想认识不到位、协调机制不完善、责任机制不健全、安全保障不规范等问题，制约了研学旅行有效开展。当前，我国已进入全面建成小康社会的决胜阶段，研学旅行正处在大有可为的发展机遇期，各地要把研学旅行摆在更加重要的位置，推动研学旅行健康快速发展。

二、工作目标

以立德树人、培养人才为根本目的，以预防为重、确保安全为基本前提，以深化改革、完善政策为着力点，以统筹协调、整合资源为突破口，因地制宜开展研学旅行。让广大中小学生在研学旅行中感受祖国大好河山，感受中华传统美德，感受革命光荣历史，感受改革开放伟大成就，增强对坚定"四个自信"的理解与认同；同时学会动手动脑，学会生存生活，学会做人做事，促进身心健康、体魄强健、意志坚强，促进形成正确的世界观、人生观、价值观，培养他们成为德智体美全面发展的社会主义建设者和接班人。

开发一批育人效果突出的研学旅行活动课程，建设一批具有良好示范带动作用的研学旅行基地，打造一批具有影响力的研学旅行精品线路，建立一套规范管理、责任清晰、多元筹资、保障安全的研学旅行工作机制，探索形成中小学生广泛参与、活动品质持续提升、组织管理规范有序、基础条件保障有力、安全责任落实到位、文化氛围健康向上的研学旅行发展体系。

三、基本原则

——教育性原则。研学旅行要结合学生身心特点、接受能力和实际需要，注重系统性、知识性、科学性和趣味性，为学生全面发展提供良好成长空间。

——实践性原则。研学旅行要因地制宜，呈现地域特色，引导学生走出校园，在与日常生活不同的环境中拓展视野、丰富知识、了解社会、亲近自然、参与体验。

——安全性原则。研学旅行要坚持安全第一，建立安全保障机制，明确安全保障责任，落实安全保障措施，确保学生安全。

——公益性原则。研学旅行不得开展以营利为目的的经营性创收，对贫困家庭学生要减免费用。

四、主要任务

1. **纳入中小学教育教学计划**。各地教育行政部门要加强对中小学开展研学旅行的指导和帮助。各中小学要结合当地实际，把研学旅行纳入学校教育教学计划，与综合实践活动课程统筹考虑，促进研学旅行和学校课程有机融合，要精心设计研学旅行活动课程，做到立意高远、目的明确、活动生动、学习有效，避免"只旅不学"或"只学不旅"现象。学校根据教育教学计划灵活安排研学旅行时间，一般安排在小学四到六年级、初中一到二年级、高中一到二年级，尽量错开旅游高峰期。学校根据学段特点和地域特色，逐步建立小学阶段以乡土乡情为主、初中阶段以县情市情为主、高中阶段以省情国情为主的研学旅行活动课程体系。

2. **加强研学旅行基地建设**。各地教育、文化、旅游、共青团等部门、组织密切合作，根据研学旅行育人目标，结合域情、校情、生情，依托自然和文化遗产资源、红色教育资源和综合实践基地、大型公共设施、知名院校、工矿企业、科研机构等，遴选建设一批安全适宜的中小学生研学旅行基地，探索建立基地的准入标准、退出机制和评价体系；要以基地为重要依托，积极推动资源共享和区域合作，打造一批示范性研学旅行精品线路，逐步形成布局合理、互联互通的研学旅行网络。各基地要将研学旅行作为理想信念教育、爱国主义教育、革命传统教育、国情教育的重要载体，突出祖国大好风光、民族悠久历史、优良革命传统和现代化建设成就，根据小学、初中、高中不同学段的研学旅行目标，有针对性地开发自然类、历史类、地理类、科技类、人文类、体验类等多种类型的活动课程。教育部将建设研学旅行网站，促进基地课程和学校师生间有效对接。

3. **规范研学旅行组织管理**。各地教育行政部门和中小学要探索制定中小学生研学旅行工作规程，做到"活动有方案，行前有备案，应急有预案"。学校组织开展研学旅行可采取自行开展或委托开展的形式，提前拟定活动计划并按管理权限报教育行政部门备案，通过家长委员会、致家长的一封信或召开家长会等形式告知家长活动意义、时间安排、出行线路、费用收支、注意事项等信息，加强学生和教师的研学旅行事前培训和事后考核。学校自行开展研学旅行，要根据需要配备一定比例的学校领导、教师和安全员，也可吸收少数家长作为志愿者，负责学生活动管理和安全保障，与家长签订协议书，明确学校、家长、学生的责任权利。学校委托开展研学旅行，要与有资质、信誉好的委托企业或机构签订协议书，明确委托企业或机构承担学生研学旅行安全责任。

4. **健全经费筹措机制**。各地可采取多种形式、多种渠道筹措中小学生研学旅行经费，探索建立政府、学校、社会、家庭共同承担的多元化经费筹措机制。交通部门对中小学生研学旅行公路和水路出行严格执行儿童票价优惠政策，铁路部门可根据研学旅行需求，在能力许可范围内积极安排好运力。文化、旅游等部门要对中小学生研学旅行实施减免场馆、景区、景点门票政策，提供优质旅游服务。保险监督管理机构会同教育行政部门推动将研学旅行纳入校方责任险范围，鼓励保险企业开发有针对性的产品，对投保费用实施优惠措施。鼓励通过社会捐赠、公益性活动等形式支持开展研学旅行。

5. **建立安全责任体系**。各地要制订科学有效的中小学生研学旅行安全保障方案，探索建立行之有效的安全责任落实、事故处理、责任界定及纠纷处理机制，实施分级备案制度，做到层层落实，责任到人。教育行政部门负责督促学校落实安全责任，审核学校报送的活动方案（含保单信息）和应急预案。学校要做好行前安全教育工作，负责确认出行师生购买意外险，必须投保校方责任险，与家长签订安全责任书，与委托开展研学旅行的企业或机构签订安全责任书，明确各方安全责任。旅游部门负责审核开展研学旅行的企业或机构的准入条件和服务标准。交通部门负责督促有关运输企业检查学生出行的车、船等交通工具。公安、食品药品监管等部门加强对研学旅行涉及的住宿、餐饮等公共经营场所的安全监督，依法查处运送学生车辆的交通违法行为。保险监督管理机构负责指导保险行业提供并优化校方责任险、旅行社责任险等相关产品。

五、组织保障

1. **加强统筹协调**。各地要成立由教育部门牵头，发改、公安、财政、交通、文化、食品药品监管、旅游、保监和共青团等相关部门、组织共同参加的中小学生研学旅行工作协调小组，办事机构可设在地方校外教育联席会议办公室，加大对研学旅行工作的统筹规划和管理指导，结合本地实际情况制订相应工作方案，将职责层层分解落实到相关部门和单位，定期检查工作推进情况，加强督查督办，切实将好事办好。

2. **强化督查评价**。各地要建立健全中小学生参加研学旅行的评价机制，把中小学组织学生参加研学旅行的情况和成效作为学校综合考评体系的重要内容。学校要在充分尊重个性差异、鼓励多元发展的前提下，对学生参加研学旅行的情况和成效进行科学评价，并将评价结果逐步纳入学生学分管理体系和学生综合素质评价体系。

3. **加强宣传引导**。各地要在中小学广泛开展研学旅行实验区和示范校创建工作，充分培育、挖掘和提炼先进典型经验，以点带面，整体推进。教育部将遴选确定部分地区为全国研学旅行实验区，积极宣传研学旅行的典型经验。各地要积极创新宣传内容和形式，向家长宣传研学旅行的重要意义，向学生宣传"读万卷书、行万里路"的重大作用，为研学旅行工作营造良好的社会环境和舆论氛围。

教育部　国家发展改革委　公安部

财政部　交通运输部　文化部

食品药品监管总局　国家旅游局　保监会

共青团中央　中国铁路总公司

2016年11月30日

中华人民共和国突发事件应对法

（2007年8月30日第十届全国人民代表大会常务委员会第二十九次会议通过）

目　录

第一章　总　则

第一条　为了预防和减少突发事件的发生，控制、减轻和消除突发事件引起的严重社会危害，规范突发事件应对活动，保护人民生命财产安全，维护国家安全、公共安全、环境安全和社会秩序，制定本法。

第二条　突发事件的预防与应急准备、监测与预警、应急处置与救援、事后恢复与重建等应对活动，适用本法。

第三条　本法所称突发事件，是指突然发生，造成或者可能造成严重社会危害，需要采取应急处置措施予以应对的自然灾害、事故灾难、公共卫生事件和社会安全事件。

按照社会危害程度、影响范围等因素，自然灾害、事故灾难、公共卫生事件分为特别重大、重大、较大和一般四级。法律、行政法规或者国务院另有规定的，从其规定。

突发事件的分级标准由国务院或者国务院确定的部门制定。

第四条　国家建立统一领导、综合协调、分类管理、分级负责、属地管理为主的应急管理体制。

第五条　突发事件应对工作实行预防为主、预防与应急相结合的原则。国家建立重大突发事件风险评估体系，对可能发生的突发事件进行综合性评估，减少重大突发事件的发生，最大限度地减轻重大突发事件的影响。

第六条　国家建立有效的社会动员机制，增强全民的公共安全和防范风险的意识，提高全社会的避险救助能力。

第七条　县级人民政府对本行政区域内突发事件的应对工作负责；涉及两个以上行政区域的，由有关行政区域共同的上一级人民政府负责，或者由各有关行政区域的上一级人民政府共同负责。

突发事件发生后，发生地县级人民政府应当立即采取措施控制事态发展，组织开展应急救援和处置工作，并立即向上一级人民政府报告，必要时可以越级上报。

突发事件发生地县级人民政府不能消除或者不能有效控制突发事件引起的严重社会危害的，应当及时向上级人民政府报告。上级人民政府应当及时采取措施，统一领导应急处置工作。

法律、行政法规规定由国务院有关部门对突发事件的应对工作负责的，从其规定；地方人民政府应当积极配合并提供必要的支持。

第八条　国务院在总理领导下研究、决定和部署特别重大突发事件的应对工作；根据实际需要，设立国家突发事件应急指挥机构，负责突发事件应对工作；必要时，国务院可以派出工作组指导有关工作。

县级以上地方各级人民政府设立由本级人民政府主要负责人、相关部门负责人、驻当地中国人民解放军和中国人民武装警察部队有关负责人组成的突发事件应急指挥机构，统一领导、协调本级人民政府各有关部门和下级人民政府开展突发事件应对工作；根据实际需要，设立相关类别突发事件应急指挥机构，组织、协调、指挥突发事件应对工作。

上级人民政府主管部门应当在各自职责范围内，指导、协助下级人民政府及其相应部门做好有关突发事件的应对工作。

第九条 国务院和县级以上地方各级人民政府是突发事件应对工作的行政领导机关，其办事机构及具体职责由国务院规定。

第十条 有关人民政府及其部门作出的应对突发事件的决定、命令，应当及时公布。

第十一条 有关人民政府及其部门采取的应对突发事件的措施，应当与突发事件可能造成的社会危害的性质、程度和范围相适应；有多种措施可供选择的，应当选择有利于最大程度地保护公民、法人和其他组织权益的措施。

公民、法人和其他组织有义务参与突发事件应对工作。

第十二条 有关人民政府及其部门为应对突发事件，可以征用单位和个人的财产。被征用的财产在使用完毕或者突发事件应急处置工作结束后，应当及时返还。财产被征用或者征用后毁损、灭失的，应当给予补偿。

第十三条 因采取突发事件应对措施，诉讼、行政复议、仲裁活动不能正常进行的，适用有关时效中止和程序中止的规定，但法律另有规定的除外。

第十四条 中国人民解放军、中国人民武装警察部队和民兵组织依照本法和其他有关法律、行政法规、军事法规的规定以及国务院、中央军事委员会的命令，参加突发事件的应急救援和处置工作。

第十五条 中华人民共和国政府在突发事件的预防、监测与预警、应急处置与救援、事后恢复与重建等方面，同外国政府和有关国际组织开展合作与交流。

第十六条　县级以上人民政府作出应对突发事件的决定、命令，应当报本级人民代表大会常务委员会备案；突发事件应急处置工作结束后，应当向本级人民代表大会常务委员会作出专项工作报告。

第二章　预防与应急准备

第十七条　国家建立健全突发事件应急预案体系。

国务院制定国家突发事件总体应急预案，组织制定国家突发事件专项应急预案；国务院有关部门根据各自的职责和国务院相关应急预案，制定国家突发事件部门应急预案。

地方各级人民政府和县级以上地方各级人民政府有关部门根据有关法律、法规、规章、上级人民政府及其有关部门的应急预案以及本地区的实际情况，制定相应的突发事件应急预案。

应急预案制定机关应当根据实际需要和情势变化，适时修订应急预案。应急预案的制定、修订程序由国务院规定。

第十八条　应急预案应当根据本法和其他有关法律、法规的规定，针对突发事件的性质、特点和可能造成的社会危害，具体规定突发事件应急管理工作的组织指挥体系与职责和突发事件的预防与预警机制、处置程序、应急保障措施以及事后恢复与重建措施等内容。

第十九条　城乡规划应当符合预防、处置突发事件的需要，统筹安排应对突发事件所必需的设备和基础设施建设，合理确定应急避难场所。

第二十条　县级人民政府应当对本行政区域内容易引发自然灾害、事故灾难和公共卫生事件的危险源、危险区域进行调查、登记、风险评估，定期进行检查、监控，并责令有关单位采取安全防范措施。

省级和设区的市级人民政府应当对本行政区域内容易引发特别重大、重大突发事件的危险源、危险区域进行调查、登记、风险评估，组织进行检查、监控，并责令有关单位采取安全防范措施。

县级以上地方各级人民政府按照本法规定登记的危险源、危险区域，应当按照国家规定及时向社会公布。

第二十一条　县级人民政府及其有关部门、乡级人民政府、街道办事处、居民委员会、村民委员会应当及时调解处理可能引发社会安全事件的矛盾纠纷。

第二十二条　所有单位应当建立健全安全管理制度，定期检查本单位各项安全防范措施的落实情况，及时消除事故隐患；掌握并及时处理本单位存在的可能引发社会安全事件的问题，防止矛盾激化和事态扩大；对本单位可能发生的突发事件和采取安全防范措施的情况，应当按照规定及时向所在地人民政府或者人民政府有关部门报告。

第二十三条　矿山、建筑施工单位和易燃易爆物品、危险化学品、放射性物品等危险物品的生产、经营、储运、使用单位，应当制定具体应急预案，并对生产经营场所、有危险物品的建筑物、构筑物及周边环境开展隐患排查，及时采取措施消除隐患，防止发生突发事件。

第二十四条　公共交通工具、公共场所和其他人员密集场所的经营单位或者管理单位应当制定具体应急预案，为交通工具和有关场所配备报警装置和必要的应急救援设备、设施，注明其使用方法，并显著标明安全撤离的通道、路线，保证安全通道、出口的畅通。

有关单位应当定期检测、维护其报警装置和应急救援设备、设施，使其处于良好状态，确保正常使用。

第二十五条　县级以上人民政府应当建立健全突发事件应急管理培训制度，对人民政府及其有关部门负有处置突发事件职责的工作人员定期进行培训。

第二十六条　县级以上人民政府应当整合应急资源，建立或者确定综合性应急救援队伍。人民政府有关部门可以根据实际需要设立专业应急救援队伍。

　　县级以上人民政府及其有关部门可以建立由成年志愿者组成的应急救援队伍。单位应当建立由本单位职工组成的专职或者兼职应急救援队伍。

　　县级以上人民政府应当加强专业应急救援队伍与非专业应急救援队伍的合作，联合培训、联合演练，提高合成应急、协同应急的能力。

　　第二十七条　国务院有关部门、县级以上地方各级人民政府及其有关部门、有关单位应当为专业应急救援人员购买人身意外伤害保险，配备必要的防护装备和器材，减少应急救援人员的人身风险。

　　第二十八条　中国人民解放军、中国人民武装警察部队和民兵组织应当有计划地组织开展应急救援的专门训练。

　　第二十九条　县级人民政府及其有关部门、乡级人民政府、街道办事处应当组织开展应急知识的宣传普及活动和必要的应急演练。

　　居民委员会、村民委员会、企业事业单位应当根据所在地人民政府的要求，结合各自的实际情况，开展有关突发事件应急知识的宣传普及活动和必要的应急演练。

　　新闻媒体应当无偿开展突发事件预防与应急、自救与互救知识的公益宣传。

　　第三十条　各级各类学校应当把应急知识教育纳入教学内容，对学生进行应急知识教育，培养学生的安全意识和自救与互救能力。

　　教育主管部门应当对学校开展应急知识教育进行指导和监督。

　　第三十一条　国务院和县级以上地方各级人民政府应当采取财政措施，保障突发事件应对工作所需经费。

　　第三十二条　国家建立健全应急物资储备保障制度，完善重要应急物资的监管、生产、储备、调拨和紧急配送体系。

　　设区的市级以上人民政府和突发事件易发、多发地区的县级人民政府应当建立应急救援物资、生活必需品和应急处置装备的储备制度。

　　县级以上地方各级人民政府应当根据本地区的实际情况，与有关企业签订协议，保障应急救援物资、生活必需品和应急处置装备的生产、供给。

第三十三条　国家建立健全应急通信保障体系，完善公用通信网，建立有线与无线相结合、基础电信网络与机动通信系统相配套的应急通信系统，确保突发事件应对工作的通信畅通。

第三十四条　国家鼓励公民、法人和其他组织为人民政府应对突发事件工作提供物资、资金、技术支持和捐赠。

第三十五条　国家发展保险事业，建立国家财政支持的巨灾风险保险体系，并鼓励单位和公民参加保险。

第三十六条　国家鼓励、扶持具备相应条件的教学科研机构培养应急管理专门人才，鼓励、扶持教学科研机构和有关企业研究开发用于突发事件预防、监测、预警、应急处置与救援的新技术、新设备和新工具。

第三章　监测与预警

第三十七条　国务院建立全国统一的突发事件信息系统。

县级以上地方各级人民政府应当建立或者确定本地区统一的突发事件信息系统，汇集、储存、分析、传输有关突发事件的信息，并与上级人民政府及其有关部门、下级人民政府及其有关部门、专业机构和监测网点的突发事件信息系统实现互联互通，加强跨部门、跨地区的信息交流与情报合作。

第三十八条　县级以上人民政府及其有关部门、专业机构应当通过多种途径收集突发事件信息。

县级人民政府应当在居民委员会、村民委员会和有关单位建立专职或者兼职信息报告员制度。

获悉突发事件信息的公民、法人或者其他组织，应当立即向所在地人民政府、有关主管部门或者指定的专业机构报告。

第三十九条　地方各级人民政府应当按照国家有关规定向上级人民政

府报送突发事件信息。县级以上人民政府有关主管部门应当向本级人民政府相关部门通报突发事件信息。专业机构、监测网点和信息报告员应当及时向所在地人民政府及其有关主管部门报告突发事件信息。

有关单位和人员报送、报告突发事件信息，应当做到及时、客观、真实，不得迟报、谎报、瞒报、漏报。

第四十条　县级以上地方各级人民政府应当及时汇总分析突发事件隐患和预警信息，必要时组织相关部门、专业技术人员、专家学者进行会商，对发生突发事件的可能性及其可能造成的影响进行评估；认为可能发生重大或者特别重大突发事件的，应当立即向上级人民政府报告，并向上级人民政府有关部门、当地驻军和可能受到危害的毗邻或者相关地区的人民政府通报。

第四十一条　国家建立健全突发事件监测制度。

县级以上人民政府及其有关部门应当根据自然灾害、事故灾难和公共卫生事件的种类和特点，建立健全基础信息数据库，完善监测网络，划分监测区域，确定监测点，明确监测项目，提供必要的设备、设施，配备专职或者兼职人员，对可能发生的突发事件进行监测。

第四十二条　国家建立健全突发事件预警制度。

可以预警的自然灾害、事故灾难和公共卫生事件的预警级别，按照突发事件发生的紧急程度、发展势态和可能造成的危害程度分为一级、二级、三级和四级，分别用红色、橙色、黄色和蓝色标示，一级为最高级别。

预警级别的划分标准由国务院或者国务院确定的部门制定。

第四十三条　可以预警的自然灾害、事故灾难或者公共卫生事件即将发生或者发生的可能性增大时，县级以上地方各级人民政府应当根据有关法律、行政法规和国务院规定的权限和程序，发布相应级别的警报，决定并宣布有关地区进入预警期，同时向上一级人民政府报告，必要时可以越级上报，并向当地驻军和可能受到危害的毗邻或者相关地区的人民政府通报。

第四十四条　发布三级、四级警报，宣布进入预警期后，县级以上地方各级人民政府应当根据即将发生的突发事件的特点和可能造成的危害，采取下列措施：

（一）启动应急预案；

（二）责令有关部门、专业机构、监测网点和负有特定职责的人员及时收集、报告有关信息，向社会公布反映突发事件信息的渠道，加强对突发事件发生、发展情况的监测、预报和预警工作；

（三）组织有关部门和机构、专业技术人员、有关专家学者，随时对突发事件信息进行分析评估，预测发生突发事件可能性的大小、影响范围和强度以及可能发生的突发事件的级别；

（四）定时向社会发布与公众有关的突发事件预测信息和分析评估结果，并对相关信息的报道工作进行管理；

（五）及时按照有关规定向社会发布可能受到突发事件危害的警告，宣传避免、减轻危害的常识，公布咨询电话。

第四十五条　发布一级、二级警报，宣布进入预警期后，县级以上地方各级人民政府除采取本法第四十四条规定的措施外，还应当针对即将发生的突发事件的特点和可能造成的危害，采取下列一项或者多项措施：

（一）责令应急救援队伍、负有特定职责的人员进入待命状态，并动员后备人员做好参加应急救援和处置工作的准备；

（二）调集应急救援所需物资、设备、工具，准备应急设施和避难场所，并确保其处于良好状态、随时可以投入正常使用；

（三）加强对重点单位、重要部位和重要基础设施的安全保卫，维护社会治安秩序；

（四）采取必要措施，确保交通、通信、供水、排水、供电、供气、供热等公共设施的安全和正常运行；

（五）及时向社会发布有关采取特定措施避免或者减轻危害的建议、

劝告；

（六）转移、疏散或者撤离易受突发事件危害的人员并予以妥善安置，转移重要财产；

（七）关闭或者限制使用易受突发事件危害的场所，控制或者限制容易导致危害扩大的公共场所的活动；

（八）法律、法规、规章规定的其他必要的防范性、保护性措施。

第四十六条　对即将发生或者已经发生的社会安全事件，县级以上地方各级人民政府及其有关主管部门应当按照规定向上一级人民政府及其有关主管部门报告，必要时可以越级上报。

第四十七条　发布突发事件警报的人民政府应当根据事态的发展，按照有关规定适时调整预警级别并重新发布。

有事实证明不可能发生突发事件或者危险已经解除的，发布警报的人民政府应当立即宣布解除警报，终止预警期，并解除已经采取的有关措施。

第四章　应急处置与救援

第四十八条　突发事件发生后，履行统一领导职责或者组织处置突发事件的人民政府应当针对其性质、特点和危害程度，立即组织有关部门，调动应急救援队伍和社会力量，依照本章的规定和有关法律、法规、规章的规定采取应急处置措施。

第四十九条　自然灾害、事故灾难或者公共卫生事件发生后，履行统一领导职责的人民政府可以采取下列一项或者多项应急处置措施：

（一）组织营救和救治受害人员，疏散、撤离并妥善安置受到威胁的人员以及采取其他救助措施；

（二）迅速控制危险源，标明危险区域，封锁危险场所，划定警戒区，实行交通管制以及其他控制措施；

（三）立即抢修被损坏的交通、通信、供水、排水、供电、供气、供热等公共设施，向受到危害的人员提供避难场所和生活必需品，实施医疗救护和卫生防疫以及其他保障措施；

（四）禁止或者限制使用有关设备、设施，关闭或者限制使用有关场所，中止人员密集的活动或者可能导致危害扩大的生产经营活动以及采取其他保护措施；

（五）启用本级人民政府设置的财政预备费和储备的应急救援物资，必要时调用其他急需物资、设备、设施、工具；

（六）组织公民参加应急救援和处置工作，要求具有特定专长的人员提供服务；

（七）保障食品、饮用水、燃料等基本生活必需品的供应；

（八）依法从严惩处囤积居奇、哄抬物价、制假售假等扰乱市场秩序的行为，稳定市场价格，维护市场秩序；

（九）依法从严惩处哄抢财物、干扰破坏应急处置工作等扰乱社会秩序的行为，维护社会治安；

（十）采取防止发生次生、衍生事件的必要措施。

第五十条　社会安全事件发生后，组织处置工作的人民政府应当立即组织有关部门并由公安机关针对事件的性质和特点，依照有关法律、行政法规和国家其他有关规定，采取下列一项或者多项应急处置措施：

（一）强制隔离使用器械相互对抗或者以暴力行为参与冲突的当事人，妥善解决现场纠纷和争端，控制事态发展；

（二）对特定区域内的建筑物、交通工具、设备、设施以及燃料、燃气、电力、水的供应进行控制；

（三）封锁有关场所、道路，查验现场人员的身份证件，限制有关公共场所内的活动；

（四）加强对易受冲击的核心机关和单位的警卫，在国家机关、军事机关、国家通讯社、广播电台、电视台、外国驻华使领馆等单位附近设置临时警戒线；

（五）法律、行政法规和国务院规定的其他必要措施。

严重危害社会治安秩序的事件发生时，公安机关应当立即依法出动警力，根据现场情况依法采取相应的强制性措施，尽快使社会秩序恢复正常。

第五十一条　发生突发事件，严重影响国民经济正常运行时，国务院或者国务院授权的有关主管部门可以采取保障、控制等必要的应急措施，保障人民群众的基本生活需要，最大限度地减轻突发事件的影响。

第五十二条　履行统一领导职责或者组织处置突发事件的人民政府，必要时可以向单位和个人征用应急救援所需设备、设施、场地、交通工具和其他物资，请求其他地方人民政府提供人力、物力、财力或者技术支援，要求生产、供应生活必需品和应急救援物资的企业组织生产、保证供给，要求提供医疗、交通等公共服务的组织提供相应的服务。

履行统一领导职责或者组织处置突发事件的人民政府，应当组织协调运输经营单位，优先运送处置突发事件所需物资、设备、工具、应急救援人员和受到突发事件危害的人员。

第五十三条　履行统一领导职责或者组织处置突发事件的人民政府，应当按照有关规定统一、准确、及时发布有关突发事件事态发展和应急处置工作的信息。

第五十四条　任何单位和个人不得编造、传播有关突发事件事态发展或者应急处置工作的虚假信息。

第五十五条　突发事件发生地的居民委员会、村民委员会和其他组织应当按照当地人民政府的决定、命令，进行宣传动员，组织群众开展自救和互救，协助维护社会秩序。

第五十六条　受到自然灾害危害或者发生事故灾难、公共卫生事件的单位，应当立即组织本单位应急救援队伍和工作人员营救受害人员，疏散、撤离、安置受到威胁的人员，控制危险源，标明危险区域，封锁危险场所，并采取其他防止危害扩大的必要措施，同时向所在地县级人民政府报告；对因本单位的问题引发的或者主体是本单位人员的社会安全事件，有关单位应当按照规定上报情况，并迅速派出负责人赶赴现场开展劝解、疏导工作。

突发事件发生地的其他单位应当服从人民政府发布的决定、命令，配合人民政府采取的应急处置措施，做好本单位的应急救援工作，并积极组织人员参加所在地的应急救援和处置工作。

第五十七条　突发事件发生地的公民应当服从人民政府、居民委员会、村民委员会或者所属单位的指挥和安排，配合人民政府采取的应急处置措施，积极参加应急救援工作，协助维护社会秩序。

第五章　事后恢复与重建

第五十八条　突发事件的威胁和危害得到控制或者消除后，履行统一领导职责或者组织处置突发事件的人民政府应当停止执行依照本法规定采取的应急处置措施，同时采取或者继续实施必要措施，防止发生自然灾害、事故灾难、公共卫生事件的次生、衍生事件或者重新引发社会安全事件。

第五十九条　突发事件应急处置工作结束后，履行统一领导职责的人民政府应当立即组织对突发事件造成的损失进行评估，组织受影响地区尽快恢复生产、生活、工作和社会秩序，制定恢复重建计划，并向上一级人民政府报告。

受突发事件影响地区的人民政府应当及时组织和协调公安、交通、铁路、民航、邮电、建设等有关部门恢复社会治安秩序，尽快修复被损坏的交通、通信、供水、排水、供电、供气、供热等公共设施。

第六十条　受突发事件影响地区的人民政府开展恢复重建工作需要上一级人民政府支持的，可以向上一级人民政府提出请求。上一级人民政府应当根据受影响地区遭受的损失和实际情况，提供资金、物资支持和技术指导，组织其他地区提供资金、物资和人力支援。

第六十一条　国务院根据受突发事件影响地区遭受损失的情况，制定扶持该地区有关行业发展的优惠政策。

受突发事件影响地区的人民政府应当根据本地区遭受损失的情况，制定救助、补偿、抚慰、抚恤、安置等善后工作计划并组织实施，妥善解决因处置突发事件引发的矛盾和纠纷。

公民参加应急救援工作或者协助维护社会秩序期间，其在本单位的工资待遇和福利不变；表现突出、成绩显著的，由县级以上人民政府给予表彰或者奖励。

县级以上人民政府对在应急救援工作中伤亡的人员依法给予抚恤。

第六十二条　履行统一领导职责的人民政府应当及时查明突发事件的发生经过和原因，总结突发事件应急处置工作的经验教训，制定改进措施，并向上一级人民政府提出报告。

第六章　法律责任

第六十三条　地方各级人民政府和县级以上各级人民政府有关部门违反本法规定，不履行法定职责的，由其上级行政机关或者监察机关责令改正；有下列情形之一的，根据情节对直接负责的主管人员和其他直接责任人员依法给予处分：

（一）未按规定采取预防措施，导致发生突发事件，或者未采取必要的防范措施，导致发生次生、衍生事件的；

（二）迟报、谎报、瞒报、漏报有关突发事件的信息，或者通报、报送、公布虚假信息，造成后果的；

（三）未按规定及时发布突发事件警报、采取预警期的措施，导致损害发生的；

（四）未按规定及时采取措施处置突发事件或者处置不当，造成后果的；

（五）不服从上级人民政府对突发事件应急处置工作的统一领导、指挥和协调的；

（六）未及时组织开展生产自救、恢复重建等善后工作的；

（七）截留、挪用、私分或者变相私分应急救援资金、物资的；

（八）不及时归还征用的单位和个人的财产，或者对被征用财产的单位和个人不按规定给予补偿的。

第六十四条　有关单位有下列情形之一的，由所在地履行统一领导职责的人民政府责令停产停业，暂扣或者吊销许可证或者营业执照，并处五万元以上二十万元以下的罚款；构成违反治安管理行为的，由公安机关依法给予处罚：

（一）未按规定采取预防措施，导致发生严重突发事件的；

（二）未及时消除已发现的可能引发突发事件的隐患，导致发生严重突发事件的；

（三）未做好应急设备、设施日常维护、检测工作，导致发生严重突发事件或者突发事件危害扩大的；

（四）突发事件发生后，不及时组织开展应急救援工作，造成严重后果的。

前款规定的行为，其他法律、行政法规规定由人民政府有关部门依法决定处罚的，从其规定。

第六十五条　违反本法规定，编造并传播有关突发事件事态发展或者应急处置工作的虚假信息，或者明知是有关突发事件事态发展或者应急处置工作的虚假信息而进行传播的，责令改正，给予警告；造成严重后果的，依法暂停其业务活动或者吊销其执业许可证；负有直接责任的人员是国家工作人员的，还应当对其依法给予处分；构成违反治安管理行为的，由公安机关依法给予处罚。

第六十六条　单位或者个人违反本法规定，不服从所在地人民政府及其有关部门发布的决定、命令或者不配合其依法采取的措施，构成违反治安管理行为的，由公安机关依法给予处罚。

第六十七条　单位或者个人违反本法规定，导致突发事件发生或者危害扩大，给他人人身、财产造成损害的，应当依法承担民事责任。

第六十八条　违反本法规定，构成犯罪的，依法追究刑事责任。

第七章　附　则

第六十九条　发生特别重大突发事件，对人民生命财产安全、国家安全、公共安全、环境安全或者社会秩序构成重大威胁，采取本法和其他有关法律、法规、规章规定的应急处置措施不能消除或者有效控制、减轻其严重社会危害，需要进入紧急状态的，由全国人民代表大会常务委员会或者国务院依照宪法和其他有关法律规定的权限和程序决定。

紧急状态期间采取的非常措施，依照有关法律规定执行或者由全国人民代表大会常务委员会另行规定。

第七十条　本法自2007年11月1日起施行。

生产安全事故应急预案管理办法

（2016年6月3日原国家安全生产监督管理总局令第88号公布，根据2019年7月11日应急管理部令第2号《应急管理部关于修改〈生产安全事故应急预案管理办法〉的决定》修正）

第一章　总　则

第一条　为规范生产安全事故应急预案管理工作，迅速有效处置生产安全事故，依据《中华人民共和国突发事件应对法》《中华人民共和国安全生产法》《生产安全事故应急条例》等法律、行政法规和《突发事件应急预案管理办法》（国办发〔2013〕101号），制定本办法。

第二条　生产安全事故应急预案（以下简称应急预案）的编制、评审、公布、备案、实施及监督管理工作，适用本办法。

第三条　应急预案的管理实行属地为主、分级负责、分类指导、综合协调、动态管理的原则。

第四条　应急管理部负责全国应急预案的综合协调管理工作。国务院其他负有安全生产监督管理职责的部门在各自职责范围内，负责相关行业、领域应急预案的管理工作。

县级以上地方各级人民政府应急管理部门负责本行政区域内应急预案的综合协调管理工作。县级以上地方各级人民政府其他负有安全生产监督管理职责的部门按照各自的职责负责有关行业、领域应急预案的管理工作。

第五条　生产经营单位主要负责人负责组织编制和实施本单位的应急

预案，并对应急预案的真实性和实用性负责；各分管负责人应当按照职责分工落实应急预案规定的职责。

第六条　生产经营单位应急预案分为综合应急预案、专项应急预案和现场处置方案。

综合应急预案，是指生产经营单位为应对各种生产安全事故而制定的综合性工作方案，是本单位应对生产安全事故的总体工作程序、措施和应急预案体系的总纲。

专项应急预案，是指生产经营单位为应对某一种或者多种类型生产安全事故，或者针对重要生产设施、重大危险源、重大活动防止生产安全事故而制定的专项性工作方案。

现场处置方案，是指生产经营单位根据不同生产安全事故类型，针对具体场所、装置或者设施所制定的应急处置措施。

第二章　应急预案的编制

第七条　应急预案的编制应当遵循以人为本、依法依规、符合实际、注重实效的原则，以应急处置为核心，明确应急职责、规范应急程序、细化保障措施。

第八条　应急预案的编制应当符合下列基本要求：

（一）有关法律、法规、规章和标准的规定；

（二）本地区、本部门、本单位的安全生产实际情况；

（三）本地区、本部门、本单位的危险性分析情况；

（四）应急组织和人员的职责分工明确，并有具体的落实措施；

（五）有明确、具体的应急程序和处置措施，并与其应急能力相适应；

（六）有明确的应急保障措施，满足本地区、本部门、本单位的应急工作需要；

（七）应急预案基本要素齐全、完整，应急预案附件提供的信息准确；

（八）应急预案内容与相关应急预案相互衔接。

第九条　编制应急预案应当成立编制工作小组，由本单位有关负责人任组长，吸收与应急预案有关的职能部门和单位的人员，以及有现场处置经验的人员参加。

第十条　编制应急预案前，编制单位应当进行事故风险辨识、评估和应急资源调查。

事故风险辨识、评估，是指针对不同事故种类及特点，识别存在的危险危害因素，分析事故可能产生的直接后果以及次生、衍生后果，评估各种后果的危害程度和影响范围，提出防范和控制事故风险措施的过程。

应急资源调查，是指全面调查本地区、本单位第一时间可以调用的应急资源状况和合作区域内可以请求援助的应急资源状况，并结合事故风险辨识评估结论制定应急措施的过程。

第十一条　地方各级人民政府应急管理部门和其他负有安全生产监督管理职责的部门应当根据法律、法规、规章和同级人民政府以及上一级人民政府应急管理部门和其他负有安全生产监督管理职责的部门的应急预案，结合工作实际，组织编制相应的部门应急预案。

部门应急预案应当根据本地区、本部门的实际情况，明确信息报告、响应分级、指挥权移交、警戒疏散等内容。

第十二条　生产经营单位应当根据有关法律、法规、规章和相关标准，结合本单位组织管理体系、生产规模和可能发生的事故特点，与相关预案保持衔接，确立本单位的应急预案体系，编制相应的应急预案，并体现自救互救和先期处置等特点。

第十三条　生产经营单位风险种类多、可能发生多种类型事故的，应当组织编制综合应急预案。

综合应急预案应当规定应急组织机构及其职责、应急预案体系、事故风险描述、预警及信息报告、应急响应、保障措施、应急预案管理等内容。

第十四条　对于某一种或者多种类型的事故风险，生产经营单位可以编制相应的专项应急预案，或将专项应急预案并入综合应急预案。

专项应急预案应当规定应急指挥机构与职责、处置程序和措施等内容。

第十五条　对于危险性较大的场所、装置或者设施，生产经营单位应当编制现场处置方案。

现场处置方案应当规定应急工作职责、应急处置措施和注意事项等内容。

事故风险单一、危险性小的生产经营单位，可以只编制现场处置方案。

第十六条　生产经营单位应急预案应当包括向上级应急管理机构报告的内容、应急组织机构和人员的联系方式、应急物资储备清单等附件信息。附件信息发生变化时，应当及时更新，确保准确有效。

第十七条　生产经营单位组织应急预案编制过程中，应当根据法律、法规、规章的规定或者实际需要，征求相关应急救援队伍、公民、法人或者其他组织的意见。

第十八条　生产经营单位编制的各类应急预案之间应当相互衔接，并与相关人民政府及其部门、应急救援队伍和涉及的其他单位的应急预案相衔接。

第十九条　生产经营单位应当在编制应急预案的基础上，针对工作场所、岗位的特点，编制简明、实用、有效的应急处置卡。

应急处置卡应当规定重点岗位、人员的应急处置程序和措施，以及相关联络人员和联系方式，便于从业人员携带。

第三章　应急预案的评审、公布和备案

第二十条　地方各级人民政府应急管理部门应当组织有关专家对本部门编制的部门应急预案进行审定；必要时，可以召开听证会，听取社会有关方面的意见。

第二十一条　矿山、金属冶炼企业和易燃易爆物品、危险化学品的生产、经营（带储存设施的，下同）、储存、运输企业，以及使用危险化学品达到国家规定数量的化工企业、烟花爆竹生产、批发经营企业和中型规模以上的其他生产经营单位，应当对本单位编制的应急预案进行评审，并形成书面评审纪要。

前款规定以外的其他生产经营单位可以根据自身需要，对本单位编制的应急预案进行论证。

第二十二条　参加应急预案评审的人员应当包括有关安全生产及应急管理方面的专家。

评审人员与所评审应急预案的生产经营单位有利害关系的，应当回避。

第二十三条　应急预案的评审或者论证应当注重基本要素的完整性、组织体系的合理性、应急处置程序和措施的针对性、应急保障措施的可行性、应急预案的衔接性等内容。

第二十四条　生产经营单位的应急预案经评审或者论证后，由本单位主要负责人签署，向本单位从业人员公布，并及时发放到本单位有关部门、岗位和相关应急救援队伍。

事故风险可能影响周边其他单位、人员的，生产经营单位应当将有关事故风险的性质、影响范围和应急防范措施告知周边的其他单位和人员。

第二十五条　地方各级人民政府应急管理部门的应急预案，应当报同级人民政府备案，同时抄送上一级人民政府应急管理部门，并依法向社会公布。

地方各级人民政府其他负有安全生产监督管理职责的部门的应急预案，应当抄送同级人民政府应急管理部门。

第二十六条　易燃易爆物品、危险化学品等危险物品的生产、经营、储存、运输单位，矿山、金属冶炼、城市轨道交通运营、建筑施工单位，以及宾馆、商场、娱乐场所、旅游景区等人员密集场所经营单位，应当在应急预案公布之日起20个工作日内，按照分级属地原则，向县级以上人民政府应急管理部门和其他负有安全生产监督管理职责的部门进行备案，并依法向社会公布。

前款所列单位属于中央企业的，其总部（上市公司）的应急预案，报国务院主管的负有安全生产监督管理职责的部门备案，并抄送应急管理部；其所属单位的应急预案报所在地的省、自治区、直辖市或者设区的市级人民政府主管的负有安全生产监督管理职责的部门备案，并抄送同级人民政府应急管理部门。

本条第一款所列单位不属于中央企业的，其中非煤矿山、金属冶炼和危险化学品生产、经营、储存、运输企业，以及使用危险化学品达到国家规定数量的化工企业、烟花爆竹生产、批发经营企业的应急预案，按照隶属关系报所在地县级以上地方人民政府应急管理部门备案；本款前述单位以外的其他生产经营单位应急预案的备案，由省、自治区、直辖市人民政府负有安全生产监督管理职责的部门确定。

油气输送管道运营单位的应急预案，除按照本条第一款、第二款的规定备案外，还应当抄送所经行政区域的县级人民政府应急管理部门。

海洋石油开采企业的应急预案，除按照本条第一款、第二款的规定备案外，还应当抄送所经行政区域的县级人民政府应急管理部门和海洋石油安全监管机构。

煤矿企业的应急预案除按照本条第一款、第二款的规定备案外，还应当抄送所在地的煤矿安全监察机构。

第二十七条　生产经营单位申报应急预案备案，应当提交下列材料：

（一）应急预案备案申报表；

（二）本办法第二十一条所列单位，应当提供应急预案评审意见；

（三）应急预案电子文档；

（四）风险评估结果和应急资源调查清单。

第二十八条　受理备案登记的负有安全生产监督管理职责的部门应当在5个工作日内对应急预案材料进行核对，材料齐全的，应当予以备案并出具应急预案备案登记表；材料不齐全的，不予备案并一次性告知需要补齐的材料。逾期不予备案又不说明理由的，视为已经备案。

对于实行安全生产许可的生产经营单位，已经进行应急预案备案的，在申请安全生产许可证时，可以不提供相应的应急预案，仅提供应急预案备案登记表。

第二十九条　各级人民政府负有安全生产监督管理职责的部门应当建立应急预案备案登记建档制度，指导、督促生产经营单位做好应急预案的备案登记工作。

第四章　应急预案的实施

第三十条　各级人民政府应急管理部门、各类生产经营单位应当采取多种形式开展应急预案的宣传教育，普及生产安全事故避险、自救和互救知识，提高从业人员和社会公众的安全意识与应急处置技能。

第三十一条　各级人民政府应急管理部门应当将本部门应急预案的培训纳入安全生产培训工作计划，并组织实施本行政区域内重点生产经营单位的应急预案培训工作。

生产经营单位应当组织开展本单位的应急预案、应急知识、自救互救和避险逃生技能的培训活动，使有关人员了解应急预案内容，熟悉应急职责、应急处置程序和措施。

应急培训的时间、地点、内容、师资、参加人员和考核结果等情况应当如实记入本单位的安全生产教育和培训档案。

第三十二条　各级人民政府应急管理部门应当至少每两年组织一次应急预案演练，提高本部门、本地区生产安全事故应急处置能力。

第三十三条 生产经营单位应当制定本单位的应急预案演练计划，根据本单位的事故风险特点，每年至少组织一次综合应急预案演练或者专项应急预案演练，每半年至少组织一次现场处置方案演练。

易燃易爆物品、危险化学品等危险物品的生产、经营、储存、运输单位，矿山、金属冶炼、城市轨道交通运营、建筑施工单位，以及宾馆、商场、娱乐场所、旅游景区等人员密集场所经营单位，应当至少每半年组织一次生产安全事故应急预案演练，并将演练情况报送所在地县级以上地方人民政府负有安全生产监督管理职责的部门。

县级以上地方人民政府负有安全生产监督管理职责的部门应当对本行政区域内前款规定的重点生产经营单位的生产安全事故应急救援预案演练进行抽查；发现演练不符合要求的，应当责令限期改正。

第三十四条 应急预案演练结束后，应急预案演练组织单位应当对应急预案演练效果进行评估，撰写应急预案演练评估报告，分析存在的问题，并对应急预案提出修订意见。

第三十五条 应急预案编制单位应当建立应急预案定期评估制度，对预案内容的针对性和实用性进行分析，并对应急预案是否需要修订作出结论。

矿山、金属冶炼、建筑施工企业和易燃易爆物品、危险化学品等危险物品的生产、经营、储存、运输企业、使用危险化学品达到国家规定数量的化工企业、烟花爆竹生产、批发经营企业和中型规模以上的其他生产经营单位，应当每三年进行一次应急预案评估。

应急预案评估可以邀请相关专业机构或者有关专家、有实际应急救援工作经验的人员参加，必要时可以委托安全生产技术服务机构实施。

第三十六条 有下列情形之一的，应急预案应当及时修订并归档：

（一）依据的法律、法规、规章、标准及上位预案中的有关规定发生重大变化的；

（二）应急指挥机构及其职责发生调整的；

（三）安全生产面临的风险发生重大变化的；

（四）重要应急资源发生重大变化的；

（五）在应急演练和事故应急救援中发现需要修订预案的重大问题的；

（六）编制单位认为应当修订的其他情况。

第三十七条　应急预案修订涉及组织指挥体系与职责、应急处置程序、主要处置措施、应急响应分级等内容变更的，修订工作应当参照本办法规定的应急预案编制程序进行，并按照有关应急预案报备程序重新备案。

第三十八条　生产经营单位应当按照应急预案的规定，落实应急指挥体系、应急救援队伍、应急物资及装备，建立应急物资、装备配备及其使用档案，并对应急物资、装备进行定期检测和维护，使其处于适用状态。

第三十九条　生产经营单位发生事故时，应当第一时间启动应急响应，组织有关力量进行救援，并按照规定将事故信息及应急响应启动情况报告事故发生地县级以上人民政府应急管理部门和其他负有安全生产监督管理职责的部门。

第四十条　生产安全事故应急处置和应急救援结束后，事故发生单位应当对应急预案实施情况进行总结评估。

第五章　监督管理

第四十一条　各级人民政府应急管理部门和煤矿安全监察机构应当将生产经营单位应急预案工作纳入年度监督检查计划，明确检查的重点内容和标准，并严格按照计划开展执法检查。

第四十二条　地方各级人民政府应急管理部门应当每年对应急预案的监督管理工作情况进行总结，并报上一级人民政府应急管理部门。

第四十三条　对于在应急预案管理工作中做出显著成绩的单位和人

员，各级人民政府应急管理部门、生产经营单位可以给予表彰和奖励。

第六章　法律责任

第四十四条　生产经营单位有下列情形之一的，由县级以上人民政府应急管理等部门依照《中华人民共和国安全生产法》第九十四条的规定，责令限期改正，可以处5万元以下罚款；逾期未改正的，责令停产停业整顿，并处5万元以上10万元以下的罚款，对直接负责的主管人员和其他直接责任人员处1万元以上2万元以下的罚款：

（一）未按照规定编制应急预案的；

（二）未按照规定定期组织应急预案演练的。

第四十五条　生产经营单位有下列情形之一的，由县级以上人民政府应急管理部门责令限期改正，可以处1万元以上3万元以下的罚款：

（一）在应急预案编制前未按照规定开展风险辨识、评估和应急资源调查的；

（二）未按照规定开展应急预案评审的；

（三）事故风险可能影响周边单位、人员的，未将事故风险的性质、影响范围和应急防范措施告知周边单位和人员的；

（四）未按照规定开展应急预案评估的；

（五）未按照规定进行应急预案修订的；

（六）未落实应急预案规定的应急物资及装备的。

生产经营单位未按照规定进行应急预案备案的，由县级以上人民政府应急管理等部门依照职责责令限期改正；逾期未改正的，处3万元以上5万元以下的罚款，对直接负责的主管人员和其他直接责任人员处1万元以上2万元以下的罚款。

第七章　附　则

第四十六条　《生产经营单位生产安全事故应急预案备案申报表》和《生产经营单位生产安全事故应急预案备案登记表》由应急管理部统一制定。

第四十七条　各省、自治区、直辖市应急管理部门可以依据本办法的规定，结合本地区实际制定实施细则。

第四十八条　对储存、使用易燃易爆物品、危险化学品等危险物品的科研机构、学校、医院等单位的安全事故应急预案的管理，参照本办法的有关规定执行。

第四十九条　本办法自2016年7月1日起施行。

生产经营单位生产安全事故应急预案编制导则

（GB/T 29639—2013）

1. 范围

本标准规定了生产经营单位编制生产安全事故应急预案（以下简称应急预案）的编制程序、体系构成以及综合应急预案、专项应急预案、现场处置方案和附件的主要内容。

本标准适用于生产经营单位的应急预案编制工作，其他社会组织和单位的应急预案编制可参照本标准执行。

2. 规范性引用文件

下列文件对于本标准的应用是必不可少的。凡是注日期的引用文件，仅注日期的版本适用于本标准。凡是不注日期的引用文件，其最新版本（包括所有的修改单）适用于本文件。

GB/T 20000.4 标准化工作指南 第4部分：标准中涉及安全的内容

AQ/T 9007 生产安全事故应急演练指南

3. 术语和定义

下列术语和定义适用于本文件。

3.1 应急预案 emergency plan

为有效预防和控制可能发生的事故，最大程度减少事故及其造成损害而预先制定的工作方案。

3.2 应急准备 emergency preparedness

针对可能发生的事故，为迅速、科学、有序地开展应急行动而预先进行的思想准备、组织准备和物资准备。

3.3　应急响应 emergency response

针对发生的事故，有关组织或人员采取的应急行动。

3.4　应急救援 emergency rescue

在应急响应过程中，为最大限度地降低事故造成的损失或危害，防止事故扩大，而采取的紧急措施或行动。

3.5　应急演练 emergency exercise

针对可能发生的事故情景，依据应急预案而模拟开展的应急活动。

4. 应急预案编制程序

4.1　概述

生产经营单位编制应急预案包括成立应急预案编制工作组、资料收集、风险评估、应急能力评估、编制应急预案和应急预案评审6个步骤。

4.2　成立应急预案编制工作组

生产经营单位应结合本单位部门职能和分工，成立以单位主要负责人（或分管负责人）为组长，单位相关部门人员参加的应急预案编制工作组，明确工作职责和任务分工，制定工作计划，组织开展应急预案编制工作。

4.3　资料收集

应急预案编制工作组应收集与预案编制工作相关的法律法规、技术标准、应急预案、国内外同行业企业事故资料，同时收集本单位安全生产相关技术资料、周边环境影响、应急资源等有关资料。

4.4　风险评估

主要内容包括：

a）分析生产经营单位存在的危险因素，确定事故危险源；

b）分析可能发生的事故类型及后果，并指出可能产生的次生、衍生事故；

c）评估事故的危害程度和影响范围，提出风险防控措施。

4.5 应急能力评估

在全面调查和客观分析生产经营单位应急队伍、装备、物资等应急资源状况基础上开展应急能力评估，并依据评估结果，完善应急保障措施。

4.6 编制应急预案

依据生产经营单位风险评估及应急能力评估结果，组织编制应急预案。应急预案编制应注重系统性和可操作性，做到与相关部门和单位应急预案相衔接。应急预案编制格式和要求见附录A。

4.7 应急预案评审

应急预案编制完成后，生产经营单位应组织评审。评审分为内部评审和外部评审，内部评审由生产经营单位主要负责人组织有关部门和人员进行。外部评审由生产经营单位组织外部有关专家和人员进行评审。应急预案评审合格后，由生产经营单位主要负责人（或分管负责人）签发实施，并进行备案管理。

5. 应急预案体系

5.1 概述

生产经营单位的应急预案体系主要由综合应急预案、专项应急预案和现场处置方案构成。生产经营单位应根据本单位组织管理体系、生产规模、危险源的性质以及可能发生的事故类型确定应急预案体系，并可根据本单位的实际情况，确定是否编制专项应急预案。风险因素单一的小微型生产经营单位可只编写现场处置方案。

5.2 综合应急预案

综合应急预案是生产经营单位应急预案体系的总纲，主要从总体上阐述事故的应急工作原则，包括生产经营单位的应急组织机构及职责、应急预案体系、事故风险描述、预警及信息报告、应急响应、保障措施、应急预案管理等内容。

5.3　专项应急预案

专项应急预案是生产经营单位为应对某一类型或某几种类型事故，或者针对重要生产设施、重大危险源、重大活动等内容而制定的应急预案。专项应急预案主要包括事故风险分析、应急指挥机构及职责、处置程序和措施等内容。

5.4　现场处置方案

现场处置方案是生产经营单位根据不同事故类别，针对具体的场所、装置或设施所制定的应急处置措施，主要包括事故风险分析、应急工作职责、应急处置和注意事项等内容。生产经营单位应根据风险评估、岗位操作规程以及危险性控制措施，组织本单位现场作业人员及相关专业人员共同进行编制现场处置方案。

6. 综合应急预案主要内容

6.1　总则

6.1.1　编制目的

简述应急预案编制的目的。

6.1.2　编制依据

简述应急预案编制所依据的法律、法规、规章、标准和规范性文件以及相关应急预案等。

6.1.3　适用范围

说明应急预案适用的工作范围和事故类型、级别。

6.1.4　应急预案体系

说明生产经营单位应急预案体系的构成情况，可用框图形式表述。

6.1.5　应急工作原则

说明生产经营单位应急工作的原则，内容应简明扼要、明确具体。

6.2　事故风险描述

简述生产经营单位存在或可能发生的事故风险种类、发生的可能性以及严重程度及影响范围等。

6.3 应急组织机构及职责

明确生产经营单位的应急组织形式及组成单位或人员，可用结构图的形式表示，明确构成部门的职责。应急组织机构根据事故类型和应急工作需要，可设置相应的应急工作小组，并明确各小组的工作任务及职责。

6.4 预警及信息报告

6.4.1 预警

根据生产经营单位监测监控系统数据变化状况、事故险情紧急程度和发展势态或有关部门提供的预警信息进行预警，明确预警的条件、方式、方法和信息发布的程序。

6.4.2 信息报告

按照有关规定，明确事故及事故险情信息报告程序，主要包括：

a）信息接收与通报

明确24小时应急值守电话、事故信息接收、通报程序和责任人。

b）信息上报

明确事故发生后向上级主管部门或单位报告事故信息的流程、内容、时限和责任人。

c）信息传递

明确事故发生后向本单位以外的有关部门或单位通报事故信息的方法、程序和责任人。

6.5 应急响应

6.5.1 响应分级

针对事故危害程度、影响范围和生产经营单位控制事态的能力，对事故应急响应进行分级，明确分级响应的基本原则。

6.5.2 响应程序

根据事故级别和发展态势，描述应急指挥机构启动、应急资源调配、应急救援、扩大应急等响应程序。

6.5.3　处置措施

针对可能发生的事故风险、事故危害程度和影响范围，制定相应的应急处置措施，明确处置原则和具体要求。

6.5.4　应急结束

明确现场应急响应结束的基本条件和要求。

6.6　信息公开

明确向有关新闻媒体、社会公众通报事故信息的部门、负责人和程序以及通报原则。

6.7　后期处置

主要明确污染物处理、生产秩序恢复、医疗救治、人员安置、善后赔偿、应急救援评估等内容。

6.8　保障措施

6.8.1　通信与信息保障

明确与可为本单位提供应急保障的相关单位或人员通信联系方式和方法，并提供备用方案。同时，建立信息通信系统及维护方案，确保应急期间信息通畅。

6.8.2　应急队伍保障

明确应急响应的人力资源，包括应急专家、专业应急队伍、兼职应急队伍等。

6.8.3　物资装备保障

明确生产经营单位的应急物资和装备的类型、数量、性能、存放位置、运输及使用条件、管理责任人及其联系方式等内容。

6.8.4　其他保障

根据应急工作需求而确定的其他相关保障措施（如：经费保障、交通运输保障、治安保障、技术保障、医疗保障、后勤保障等）。

6.9 应急预案管理

6.9.1 应急预案培训

明确对本单位人员开展的应急预案培训计划、方式和要求，使有关人员了解相关应急预案内容，熟悉应急职责、应急程序和现场处置方案。如果应急预案涉及到社区和居民，要做好宣传教育和告知等工作。

6.9.2 应急预案演练

明确生产经营单位不同类型应急预案演练的形式、范围、频次、内容以及演练评估、总结等要求。

6.9.3 应急预案修订

明确应急预案修订的基本要求，并定期进行评审，实现可持续改进。

6.9.4 应急预案备案

明确应急预案的报备部门，并进行备案。

6.9.5 应急预案实施

明确应急预案实施的具体时间、负责制定与解释的部门。

7. 专项应急预案主要内容

7.1 事故风险分析

针对可能发生的事故风险，分析事故发生的可能性以及严重程度、影响范围等。

7.2 应急指挥机构及职责

根据事故类型，明确应急指挥机构总指挥、副总指挥以及各成员单位或人员的具体职责。应急指挥机构可以设置相应的应急救援工作小组，明确各小组的工作任务及主要负责人职责。

7.3 处置程序

明确事故及事故险情信息报告程序和内容，报告方式和责任人等内容。根据事故响应级别，具体描述事故接警报告和记录、应急指挥机构启动、应急指挥、资源调配、应急救援、扩大应急等应急响应程序。

7.4　处置措施

针对可能发生的事故风险、事故危害程度和影响范围，制定相应的应急处置措施，明确处置原则和具体要求。

8. 现场处置方案主要内容

8.1　事故风险分析

主要包括：

a）事故类型；

b）事故发生的区域、地点或装置的名称；

c）事故发生的可能时间、事故的危害严重程度及其影响范围；

d）事故前可能出现的征兆；

e）事故可能引发的次生、衍生事故。

8.2　应急工作职责

根据现场工作岗位、组织形式及人员构成，明确各岗位人员的应急工作分工和职责。

8.3　应急处置

主要包括以下内容：

a）事故应急处置程序。根据可能发生的事故及现场情况，明确事故报警、各项应急措施启动、应急救护人员的引导、事故扩大及同生产经营单位应急预案衔接的程序。

b）现场应急处置措施。针对可能发生的火灾、爆炸、危险化学品泄漏、坍塌、水患、机动车辆伤害等，从人员救护、工艺操作、事故控制，消防、现场恢复等方面制定明确的应急处置措施。

c）明确报警负责人以及报警电话及上级管理部门、相关应急救援单位联络方式和联系人员，事故报告基本要求和内容。

8.4 注意事项

主要包括：

a）佩戴个人防护器具方面的注意事项；

b）使用抢险救援器材方面的注意事项；

c）采取救援对策或措施方面的注意事项；

d）现场自救和互救注意事项；

e）现场应急处置能力确认和人员安全防护等事项；

f）应急救援结束后的注意事项；

g）其他需要特别警示的事项。

9. 附件

9.1 有关应急部门、机构或人员的联系方式

列出应急工作中需要联系的部门、机构或人员的多种联系方式，当发生变化时及时进行更新。

9.2 应急物资装备的名录或清单

列出应急预案涉及的主要物资和装备名称、型号、性能、数量、存放地点、运输和使用条件、管理责任人和联系电话等。

9.3 规范化格式文本

应急信息接报、处理、上报等规范化格式文本。

9.4 关键的路线、标识和图纸

主要包括：

a）警报系统分布及覆盖范围；

b）重要防护目标、危险源一览表、分布图；

c）应急指挥部位置及救援队伍行动路线；

d）疏散路线、警戒范围、重要地点等的标识；

e）相关平面布置图纸、救援力量的分布图纸等。

9.5　有关协议或备忘录

列出与相关应急救援部门签订的应急救援协议或备忘录。

附　录　A　（资料性附录）应急预案编制格式和要求

A.1　封面

应急预案封面主要包括应急预案编号、应急预案版本号、生产经营单位名称、应急预案名称、编制单位名称、颁布日期等内容。

A.2　批准页

应急预案应经生产经营单位主要负责人（或分管负责人）批准方可发布。

A.3　目次

应急预案应设置目次，目次中所列的内容及次序如下：

——批准页；

——章的编号、标题；

——带有标题的条的编号、标题（需要时列出）；

——附件，用序号表明其顺序。

A.4　印刷与装订

应急预案推荐采用A4版面印刷，活页装订。